世界国防科技年度发展报告（2018）

国防科技管理领域发展报告

GUO FANG KE JI GUAN LI LING YU FA ZHAN BAO GAO

军事科学院军事科学信息研究中心

国防工業出版社
·北京·

图书在版编目（CIP）数据

国防科技管理领域发展报告/军事科学院军事科学信息研究中心编.—北京：国防工业出版社，2019.4
（世界国防科技年度发展报告.2018）
ISBN 978-7-118-11901-5

Ⅰ.①国… Ⅱ.①军… Ⅲ.①国防科学技术—科技发展—研究报告—世界—2018 Ⅳ.①E115

中国版本图书馆 CIP 数据核字（2019）第 127616 号

国防科技管理领域发展报告

编　　者 军事科学院军事科学信息研究中心
责任编辑 汪淳　王鑫
出版发行 国防工业出版社
地　　址 北京市海淀区紫竹院南路 23 号　100048
印　　刷 天津嘉恒印务有限公司
开　　本 710×1000　1/16
印　　张 15¾
字　　数 180 千字
版 印 次 2019 年 4 月第 1 版第 1 次印刷
定　　价 95.00 元

#《世界国防科技年度发展报告》(2018)

编委会

《国防科技管理领域发展报告》

编 辑 部

主　　编　李向阳

副 主 编　李　洁　陈健苹　张代平

编　　辑

袁政英　蔡文君

《国防科技管理领域发展报告》

审稿人员（按姓氏笔画排序）

王　斌　李立芳　张　策　徐林生

撰稿人员（按姓氏笔画排序）

马春艳　马爱民　王　宇　王　磊
王璐菲　卢胜军　申　淼　李　华
李　洁　李加祥　李自力　李向阳
李宇华　李晓松　杨俊岭　吴　海
佘晓琼　邹　恒　张　珂　张代平
陈健苹　周　静　郑惠文　赵超阳
郝继英　侯　勤　袁政英　高　原
唐　睿　蔡文君　廖小刚　薛晓芳
魏俊峰

编写说明

科学技术是军事发展中最活跃、最具革命性的因素，每一次重大科技进步和创新都会引起战争形态和作战方式的深刻变革。当前，以人工智能技术、网络信息技术、生物交叉技术、新材料技术等为代表的高新技术群迅猛发展，波及全球、涉及所有军事领域。智者，思于远虑。以美国为代表的西方军事强国着眼争夺未来战场的战略主动权，积极推进高投入、高风险、高回报的前沿科技创新，大力发展能够大幅提升军事能力优势的颠覆性技术。

为帮助广大读者全面、深入了解世界国防科技发展的最新动向，我们以开放、包容、协作、共享的理念，组织国内科技信息研究机构共同开展世界主要国家国防科技发展跟踪研究，并在此基础上共同编撰了《世界国防科技年度发展报告》（2018）。该系列报告由综合动向分析、重要专题分析和附录三部分构成。旨在通过跟踪研究世界军事强国国防科技发展态势，理清发展方向和重点，形成一批具有参考使用价值的研究成果，希冀能为实现创新超越提供有力的科技信息支撑。

由于编写时间仓促，且受信息来源、研究经验和编写能力所限，疏漏和不当之处在所难免，敬请广大读者批评指正。

军事科学院军事科学信息研究中心

2019 年 4 月

前　言

2018 年，世界主要军事强国围绕先进民用能力的快速引入和新能力的快速部署，通过在国防科技管理领域精简业务程序、试验创新文化，引导民用能力的大规模、低成本、高效率引入；通过突出发挥军种作用，促进民用能力更贴近军队用户和快速部署；通过出台多项创新举措，适应民用能力军事转化的需要，呈现出开放兼容、快速引入、精准部署、弹性可塑、安全可控、持续优化的发展趋势和特点。为掌握世界国防科技管理发展动向、典型做法和发展趋势，军事科学院军事科学信息研究中心组织骨干力量，编写了《国防科技管理领域发展报告》。

本书由三部分组成。第一部分是综合动向分析 6 篇，包括 2018 年世界主要国家国防科技管理发展综述，俄罗斯、欧洲、周边国家国防科技管理发展综述，以及人工智能、航天等领域管理发展综述。第二部分重要专题分析 19 篇，对美国创新推进机构调整，以及俄罗斯组建大型科创园区等重点专题进行了介绍。第三部分附录为大事记，按时间顺序梳理了 2018 年国防科技管理领域的重要事件和热点动向。

由于编写时间仓促，且受到信息来源、研究经验和编写能力所限，疏漏和不当之处在所难免，敬请广大读者批评指正。

编者

2019 年 3 月

目　录

综合动向分析

重要专题分析

附录

ZONG HE

DONG XI ANG FEN XI

综合动向分析

2018 年国防科技管理领域发展综述

2018 年，美、俄、英等世界主要国家通过加强立法和战略谋划、改革国防部管理运行体制、优化科技创新路径、挖掘利用民间科技潜力、拓宽人才培养渠道等举措，在国防科技管理上持续发力，以抢占国防科技制高点。

一、强化国防科技战略引领

在国际形势发生复杂深刻变化、全球科技创新热潮持续升温、国防科技竞争日趋激烈的环境下，美、俄等国着眼长期战略利益，通过立法和战略规划，明确国防科技创新思路、政策和布局，有效牵引着国防科技的创新发展。

（一）美国出台国防领域顶层战略文件提供总体指导

美国在国防顶层战略制定过程中，注重围绕科技安全和军事需求，总体指导国防科技发展。

（1）国家安全战略从国家顶层进行布局。2017 年 12 月，美国政府推出新版《国家安全战略》，强调要保持研究、技术、发明与创新的领先地位，掌握科技发展趋势，吸引和保留发明和创新人才，利用私营资源促进创新，推进发明和创新快速转化等，要求美军做好在多作战域实施全谱作战行动的准备，重点加强核力量、导弹防御、太空、网络空间等领域建设。

（2）国防战略在国防和军队建设领域落实布局。2018 年 1 月，美国国防部发布《国防战略》，进一步明确先进计算、“大数据”分析、人工智能、自主性、机器人、定向能、高超声速武器、生物技术等领域的新技术是确保美国能打赢未来战争的技术，提出强化 8 个领域现代化关键能力建设。

（3）国防科技战略在国防部主导下推进布局。2018 年 8 月，美国发布《2019 财年国防授权法》，要求国防部长在 2019 年 2 月之前制定新版《国防科学技术战略》，要求与美国国防战略以及政府层面的战略科技优先事项保持一致。这里也包括与总统科技政策办公室国防预算优先事项保持一致。从内容上看，战略应将国防部的科学技术发展重点、目标和投资与特定项目或广泛投资组合的核心使能要素挂钩；评估国防部在采办优先顺序、项目和时间表，以及国防研究和工程组织体系活动上的协调工作；此外还包括授权、法规、政策及其他相关领域的改革建议，支持战略文件设定的目标。到 2021 年底前国防部长每年向国会国防委员会至少提交一份更新的战略文件。

（4）分领域战略在各技术领域落地布局。美国 2018 年发布的网络、生物、人工智能等技术领域的战略性文件，都是在《国家安全战略》和《国防战略》指导下，从支撑“美国优先”安全战略的四大支柱（保护美国公民、国土及生活方式，促进经济繁荣，以实力确保和平，扩大美国影响力）出发，军民统筹进行战略布局，加强军民跨部门合作，重塑美国优势。

在这里，特别值得关注的，是将于 2019 年 2 月由国防部制定的《国防科学技术战略》，这是2007年美军将《国防科学技术战略》调整为《国防研究与工程战略规划》后，历经12年，再次将战略恢复原名称，相关内容也做出调整，充分体现了美军在大国竞争与国防部改革的时代背景下，更加聚焦国防科技工作，寻求通过加强顶层统筹指导，加速国防科技创新发展。新《国防科学技术战略》是美国战略重心向大国竞争转变的直接产物。

（二）美国国防授权法部署创新落实举措

近年来，美国国会一直致力于提高国防部开发和部署新技术的能力，确保美军在日益增多的新兴威胁中保持作战优势。美国《2019财年国防授权法》聚焦前沿新兴领域，促进国防关键技术快速发展。主要包括：

（1）聚焦高端技术领域促进快速发展。一是确定关键技术能力。法案要求国防部围绕高超声速、人工智能、量子信息科学及定向能武器，以及类似的其他新兴技术领域，比较美国与竞争对手的能力差距。此外，法案要求国防部继续完善“采办计划、技术、制造能力和研究领域清单”，以保持技术优势。二是加强对新兴技术的快速反应能力。法案要求国防部建立工作制度加速技术开发，对未获得研究经费及关注的技术做出反应，以快速应对竞争对手的新兴能力。三是发展量子信息科学。国防部授权在量子信息科学领域启动研发计划，重点关注传感器和计量学、通信和密码学、材料和分子功能设计等领域。四是推进定向能技术发展。法案授权负责研究与工程的副国防部长制定定向能领域样机计划，并为定向能武器系统试验提供指导。此外，法案还阐明联合定向能转移办公室的职责，包括研究高功率微波的功能等。

（2）开展广泛合作强化外部创新技术引入。美国《2019财年国防授权法》对国防部实验室政策进行了大幅调整。一是拓展“开放园区”计划。法案授权国防部在军内实验室广泛开展类似陆军研究实验室“开放园区”

计划的项目。二是深化与大学的合作。2018 财年法案要求国防部提出不少于 3 种促进“快速获得大学技术及专业知识”的方案。在 2019 财年授权法案中，该项授权被延长至 2022 财年，太空领域、弹性基础设施、光子学和自主系统等领域也被纳入合作。此外，法案要求国防部实验室和州、地方或非盈利机构合作促进与地方企业和学术机构的交流。三是建立小企业信息库。法案要求国防技术信息中心针对已参与国防部任务的小型创新企业建立技术能力信息库，促进未来的军地互动与合作。四是扩大招聘和管理授权。法案调整了部分招聘授权，旨在招募社会及在校技术人才，并将国防部实验室特殊招聘授权应用于战略能力办公室和国防创新小组。此外，法案在限制技术外流，保护美国研发成果方面也提出具体的要求。上述规定为美国推动国防科技创新奠定了立法依据。

（三）其他国家纷纷发布战略指导性文件

（1）俄罗斯积极落实武器装备战略规划纲要。2018 年，普京签署的《2018—2027 年俄罗斯武器装备发展规划》正式启动，提出了俄罗斯武器装备和国防科技未来发展的目标和重点任务，包括保障核力量和空天防御力量发展，有选择地优先发展海、陆、空、天武器装备，建立新型科研组织管理体系、加强与地方科研机构合作、开展国防科技创新活动，加强军事基础科学和前沿技术的探索性研究等。

（2）英国发布国防部多样性和包容性战略。2018 年 10 月，英国国防部发布《包容的力量：2018—2030 年国防部多样性和包容性战略》，明确在已经开展的工作基础上，确保劳动力政策、国防部文化和行为的多样性和包容性。通过利用更具包容性的员工队伍所带来的多样化思想、技能和创新，使国防部发挥潜力，建立更强大、更有凝聚力的团队并改善决策机制；使国防部能够更好地接触和招募来自整个社会的人才；在民众中形成文化上的认同，以利于海外行动，并确保国防部与社会充分的接触。

（3）德国发布未来高技术战略。2018 年 9 月，德国内阁通过了由教育与研究部主持制定的《2025 高科技战略》。这是 2010 年发布的《2020 高技术战略》、2014 年发布的《新的高技术战略——创新德国》的延续和发展。新一轮高技术战略明确了德国未来 7 年研究和创新政策的跨部门任务、标志性目标和重点领域。在安全领域，德国将开发“全新的整体 IT 安全解决方案”，其中量子通信将发挥重要作用。

这些国家层面的、国防部及其他政府部门层面的法律、战略或规划文件，在战略目标上强调提升战略竞争优势和战备能力，在战略举措上强调跨部门军民合作，在战略布局上强调“内促外控”，有序引导着各领域科技创新发展。

二、体制机制适应国防创新

近年来，为适应高新技术快速发展和作战样式深刻变化的需要，美、俄等国持续推进国防部体制机制改革，在管理思路和策略上把经济高效、创新突破、开放协同放在突出位置，通过管理制度改革与业务运行流程再造，最大限度地利用地方资源，促进国防科技协同创新。

（一）美国优化管理体制致力国防科技创新

美国国防部自成立以来，多年形成的体系庞大的官僚管理体制，繁琐冗长的法规制度和审批程序，成为以灵活、快捷、高效为特征的科技创新活动的严重障碍。2018 年 7 月，美国国防部发布《成立负责研究与工程的副国防部长办公室及负责采办与保障的副国防部长办公室》备忘录，标志着美军自 2016 年底启动的管理体制改革正式成形，科研管理体制作为改革重点进入实施阶段。

（1）美国拆分国防部采办、技术与后勤副部长职能。2018 年 1 月，国防部发布备忘录，对国防部内部管理机构横向拆分，即对采办、技术与后勤副国防部长职能进行拆分，设立研究与工程副国防部长和采办与保障副国防部长，前者负责推进国防科技创新发展，在更大程度上推进科技领域军民一体化发展；后者负责更快、更好、更省地推进国防采办，提升国防经费的使用效益。2 月，国防部按照新的管理体制正式运行。7 月，美国国防部常务副部长签署备忘录，进一步细化重组机构改革方案。

美国国防部研究与工程副部长的使命是聚焦未来，以国防部首席技术官的身份推进技术和创新；研究与工程副部长下属机构调整为“一委、二局、四附属、五直属”的部门架构。研究与工程副部长直属的五个机构——国防创新小组（DIU）、战略能力办公室、战略情报分析室、导弹防御局和国防高级研究计划局（DARPA），这些机构直接向副部长帮办汇报。此外，小企业计划办公室管理的小企业创新研究计划等项目和机构，也由研究与工程副国防部长归口管理。

（2）美国国防部设立首席管理官，推进国防部业务改革。2018 年 2 月，美国国防部正式设立首席管理官职位，专门负责国防部的业务运行事务。设立该职位的目的是提高国防部各部门的业务运行质量和工作效率，降低业务成本，从业务支持的角度推动国防部实现其战略目标。从 2019 年起，首席管理官还将接管国防部首席信息官的信息技术业务职能。通过建立一体化的业务管理信息系统，国防部将能加强相关业务管理活动的透明度与信息化水平，加强业务管理绩效评估，有效推动国防部业务管理效率与效益的整体提升。

（3）美国国防创新小组成为美国国防部正式机构。美国国防部近年来除大力扶持国防高级研究计划局等成熟的创新机构外，还新增战略能力办公室（SCO）、国防创新小组（DIU）等机构，试图打破国防部传统官僚主义桎梏，优化国防科技创新路径，降低风险并提高稳定性。值得一提的是，2018 年国防创新小组成为美国国防部正式机构。2015 年 7 月，国防部在硅谷成立国防创新试验小组（DIUx），由国防部长本人领导。该小组的主要职责是加强国防部与硅谷企业的合作，寻求技术创新的突破点和潜在机遇，在加速国防科技与武器装备快速发展的同时，进一步推动信息技术开发与管理创新，解决美军装备技术特别是信息技术与装备滞后于商业现货产品与技术发展速度的问题，使国防部从商业领域技术的快速创新中受益。2016 年 6 月，美国国防部在波士顿新区成立国防创新试验小组东部办公室，同年 9 月，又在得克萨斯州奥斯汀建立新的办公室，进一步扩大了影响范围，使其能够发挥更大作用。由于国防创新试验小组成立以来效果明显，2018 年 8 月，美国国防部宣布国防创新试验小组更名为国防创新小组，由负责研究和工程的副部长授权、指导和管理。此次更名意味着它已成为国防机构体系中的一个正式机构，并将继续试验向作战人员交付所需能力的新型方式与方法。

（二）美国调整运行机制减少国防科技协同创新阻力

2018 年以来，美国国防部正式成立首席管理官、负责研究与工程的副国防部长，以及负责采办与后勤的副国防部长，这些新机构如何高效运行并与其他部门协同工作，是新体制面临的重要课题。为此，国防部通过精简业务程序、运用企业化管理模式统筹管理机关事务等，试图从制度上扫清障碍、提高效率，激发创新活力。

（1）发布国防业务运行规划。国防业务运行是美国国防建设的重要内容，多年来备受重视。从历史上看，2001 年，美国国防部制定了《业务管理现代化计划》，开始以信息化为手段、以可视化为目标，推动业务转型；2005 年，国防部成立业务转型局，负责国防部业务系统建设和调整改革；2018 年 2 月，国防部设立了首席管理官，专门负责国防业务运行；2018 年 4 月，美国国防部首席管理官发布《2018—2022 财年国防业务运行规划》，阐述了国防业务运行的总体情况，提出了国防业务运行的战略目标、重点任务和实施管理措施，为国防部设定了共同的战略目标、规划和改革路线图，制定了统一的绩效目标和评估标准，有利于形成跨部门整体合力，提高军事技术竞争优势，这是为适应新体制变化做出的运行机制改革部署。《2018—2022 财年国防业务运行规划》涉及人力资源管理、财务管理、不动产管理、采办与合同管理、后勤与供应链管理、卫生保健管理、公共服务、网络空间安全与信息技术管理、试验与鉴定等 9 个领域，明确了首席管理官、人事与战备、采办与维护、研究与工程、政策、情报等部门职责分工和工作关系，便于各部门协同工作，从而从业务支持角度关注国防部顶层改革，为实现国防战略目标，明确国防部最新组织体系，改革国防业务运行机制，加强盟国合作伙伴关系，为重建军队战备能力、获得全球绝对军事优势奠定基础。在国防业务运行规划指导下，国防部每年制定一份年度绩效计划，详细制定每个绩效目标的业务和支持行动计划，以评估国防业务运行目标的各阶段进展或里程碑节点绩效。

（2）扩大应用快捷灵活采办方式。随着国防采办日益复杂，美国国防采办法律、法规和指令数量与日俱增，内容日趋冗长和刚化，限制了管理人员的主动性与创造性，也使非传统承包商望而却步，不敢也不愿与国防部打交道。为此，国防部采取扩大应用灵活快捷采办的方式，在联邦采办条例、国防部5000 系列采办政策文件的基础上，针对非传统高新技术企业、小额采办项目、民用技术等，扩大应用采办法规例外或豁免政策，以突破联邦采办条例、传统采办合同规定等法规限制，并借鉴国防创新小组、陆军快速能力办公室、海军快速样机试验与演示验证项目、空军革命性采办技术程序与合作等做法，鼓励采取快速解决方案的政策措施，采用灵活多样的采办方式，避免繁琐的审批程序，缩短采办周期。此外，为满足应急作战需求，借鉴特种作战部队应急采办的做法和经验，作战部队直接对接科技部门和科技活动，强化应急作战需求牵引，采用灵活快速审批程序，加速推进创新性技术或能力直接部署到一线作战部队。

（3）运用企业化管理模式统筹管理机关事务。2017—2018 年，美国国防部常务副部长多次发布备忘录，指示国防部加速采纳基于商业解决方案的企业云（指可在美国国防部范围提供服务的云），并从不同角度推进这项工作以取得重大进展，从而推进国防部联合信息环境建设，大幅提升云服务安全性，提高办公效率，增强作战能力。美国国防部还通过强化对服务性合同的监管，允许国防部网购物资，引入私营审计机构审计国防部合同等，来运用企业化的管理模式管理机关事务。与此同时，国防部通过精简军事能力从开发到部署的程序，以加快能力交付速度。美国国防部改革体现出更加重视技术向作战能力转化、更趋务实、更加快速等特点。

（三）俄罗斯等国推进国防部改革

（1）俄罗斯持续推动新面貌军事改革健全领导体系。俄罗斯认为，军事技术创新发展需要加强组织领导与统筹规划，集中全国最优秀的智力和技术资源共同推进。一是国家级军事科研创新领导机构取得新进展。根据普京命令，2013 年俄罗斯主管军工建设的副总理罗戈津牵头组建了类似美国国防高级研究计划局的先期研究基金会，专门负责国家级基础性、颠覆性研究项目的规划设计和宏观调控。至 2018 年，先期研究基金会运行 6 年，在高校、科学机构建立了 40 多个实验室，开展了近百个研究项目，举办了近30个创新赛、挑战赛，同50多个机构签署了合作协议。俄罗斯还成立国家机器人技术发展中心，对军用、民用及军民两用机器人技术培训研发进行组织协调和进程监督。二是完善国防部军事科研领导指挥体系。俄罗斯国防部创建了军事科研垂直领导指挥体系，专设主管军事科研的副部长，下设科研和先进技术工艺创新总局，负责跟踪全球前沿军事技术发展，为建立俄军前沿科技储备、开展武器装备创新研究提供系统保障。俄罗斯国防部还增设跨军种先期研究和特种规划局，以及特种研发中心，强化对跨军种基础性、应用性先进装备研建的统筹规划。

（2）俄罗斯组建“纪元”军事创新科技园。2018年6月，普京签署总统令组建俄联邦国防部“纪元”军事创新科技园，地点设在阿纳帕城。科技园可容纳80家国防机构进驻，2000名科研和工程人员工作，按照“科学与教育”（科学—研究集群、科学—教育集群）和“先进工艺与创新”（科学—生产集群）两大方向，建设现代化的实验室和工程中心，配备科技设备中心和工艺技术中心。

（3）法国成立国防创新局。2018年9月，法国正式成立国防创新局。该局隶属国防部武器装备总署。国防创新局计划于2019年1月1日全面投入运营，拥有12亿欧元的预算，主要任务是寻求创新想法并加速使其进入国防部。该机构向民用经济和初创企业开放，并面向整个欧洲。创新局将启用新的管理和运行机制，特别强调加快原型试验进程。

（4）韩国推出“国防改革2.0计划”。2018年7月，韩国国防部正式公布了“国防改革2.0计划”，主要涉及：增加国防预算；理顺作战指挥体制；精简和优化兵力规模结构；推进国防采购改革；扶持国防工业发展等。随即国防部国防采办项目管理局推出配套的“国防商业创新计划”，提高国防采购的灵活性与透明度，实现采办流程的“简化和多样化”，并与商业部门的供应商合作，以快速满足紧急需求。国防采办项目管理局还将投资诸如人工智能和机器人等产业，推动工业4.0技术的发展，使目前以成本为导向的竞争环境，转向以技术和质量为导向的竞争。

三、军种直接引入先进能力

美军国防科技与采办调整改革的一项重大举措是，推进国防部与军种的权限纵向调整，在保持国防部集中领导权的总体构架下，进一步向军种放权。在这种背景下，2018 年，美军各军种主动作为，通过向企业放权、知识产权改革、简化程序等措施，最大限度地吸纳民间力量为军服务，新能力快速引入、快速部署效益突出。

（一）陆军强调未来创新能力加速引入

（1）组建陆军未来司令部。2018 年 7 月，正式运行的美国陆军未来司令部（将于 2019 年 7 月具备完全作战能力），走出军事基地，设在便利接触行业和学术组织的城市或城市枢纽处，将总部选址定于得克萨斯州首府奥斯汀市，便于同学术科研机构及工商业人士来往，借助民间人才和智慧推进美国陆军转型。增设未来司令部是美国陆军自 1973 年以来最重大的机构调整，此前该军种只有陆军部队、陆军训练条令及陆军装备三大司令部。为获得充足的训练空间且避免打扰民众，这些司令部均位于远离市区的军事基地内，但未来司令部却打破了这一传统。

（2）成立致力于快速引入能力的陆军应用实验室。为加快科技创新、保持军事技术优势、有效增强与外部创新型公司的合作，陆军未来司令部成立了陆军应用实验室，寻求充分利用私营部门的创新能力，快速研发能够转为正式项目的产品和技术。该实验室已启动四个重大试点项目，将拥有奇思妙想的外部创新者与能够实现其构想的资深内部人士联系起来。每个试点项目都为陆军可能无法发现的技术提供了潜在入口，但各个项目针对的是不同发展阶段的技术。这四个试点项目构成了一个逻辑序列，有兴趣参加的公司不必按顺序参与这些项目，可依据其技术成熟度选择任何一个试点项目。①“催化剂”试点项目，重点针对不成熟的想法开展基础研究。它将建立在陆军研究实验室现有的“开放校园”项目的基础上，将大学（包括学术研究人员、学生企业家等）与陆军和国防工业联系起来。②“陆军能力加速器”项目。这是逻辑序列的第二阶段，主要致力于应用研究。在该阶段，由作战人员、企业家、研究人员和国防工业资深人员组建的团队，将合作研制能够实际工作的原型，使真实的作战部队能在现实环境中进行战场测试。成功的团队可将技术交付有经验的企业，或寻求自己组建初创公司。加速器项目已经在纽约市推出。③“合作开发基金”项目。它将仿效风投资金后续大规模投资，来支持项目工程阶段工作。该基金将很大程度上重组已存在的投资项目，如“小企业创新研究”项目，降低参与门槛。④“光环制造加速器”项目。它致力于开发真正可部署的武器、传感器和其他系统，将引进传统的国防承包商和军队机构，来帮助创新型公司处理国防采办的繁文缛节，使创新公司不必耗费内部开支来建立相应的适应机制。第四个试点项目还处于头脑风暴阶段。

（3）组织论坛向商业界寻求优势能力。2018 年 2 月，美国陆军在联邦商机网公布“竞争环境下作战——网络跨职能小组技术交流论坛”征询通告，向工业界寻求当前和新兴市场的能力。通告指出，美国陆军网络跨职能小组和美国陆军指挥、控制和通信项目执行办公室正在寻求商用现货和非研发项目解决方案，以便为未来陆军投资建议、陆军需求文件和其他采办文件提供信息。

（二）海军强调新兴技术的创新与快速应用

（1）启动创新过程采购项目。2018 年 3 月，美国海军研究办公室在海军研究生院举办启动会，正式发起海军创新过程采购项目，旨在融合硅谷的创业方法，解决海军面临的技术难题，涉及从供应商到作战中心的各类组织，以及从理解问题时的“灵光一现”到研究和交付原型样机的整个时间轴，赋予海军和海军陆战队解决难题的通用流程和方法。

（2）成立敏捷任务小组。2018 年 7 月，美国海军发布题为《海军敏捷倡议》的内部备忘录，宣布成立敏捷任务小组，旨在帮助海军加快新兴技术的创新和利用。备忘录指出，海军正面临一系列全球挑战，为了克服这些挑战，海军需要利用快速出现的可改变战争特征的技术，为此海军必须促进系统性层面的协作、敏捷性和变革，以维持自身技术与战术优势。

（三）空军强调开放式协同创新发展

（1）正式启动 AFwerX（空军创新枢纽）。2018 年 1 月，美国空军 AFwerX首个创新枢纽——拉斯维加斯创新枢纽举行了隆重的开业典礼，副总统彭斯和空军部长威尔逊均出席。这是美国空军迈向颠覆性创新和优化采办工作的一种尝试，旨在加快新技术的引入进程。AFwerX 总部位于五角大楼和弗吉尼亚州的水晶城，未来其站点将布局全美。AFwerX 可以联系一些拥有想法的公司或组织，它们仅需 1 页纸或 90 秒的视频就可以提交想法，获得合同后以较低成本转变为原型系统。在 AFwerX，针对上交的建议书可以很快速做出不通过、可能会通过和通过的决定。11 月，美国空军依托 AFwerX 和小企业创新研究计划，在 40 小时内向小企业授出 100 份合同，通过大幅缩短向商业公司授出合同的时间，加快创新概念从实验室向战场转化的速度，使美国空军能够更好地与小企业和创新公司互动，以商业界习惯的速度开展合作。合同涉及的所有技术都具有军民两用性，如虚拟现实和增强现实技术等，这些技术在商业上获得很大发展，在军事上也应用良多。9 月，美国空军又在阿拉巴马州成立 MGMwerX，旨在利用民间科研成果为军方服务，位于蒙哥马利商会大楼附近，将积极采纳私营企业、学术界和空军大学的大量创新理念，解决美国空军面临的技术或采办效率低下的难题。

（2）组织创新竞赛。2018 年 10 月，空军和莱特兄弟研究所共同启动 VQ – Prize 竞赛，为创建太空态势感知可视化工具（包括增强现实和虚拟现实解决方案）提供现金奖励，旨在鼓励大学、个人、小型企业等非传统行业合作伙伴与军事用户合作，竞赛截至 2019 年 1 月中旬，将颁发最高 10 万美元的奖金，并设置多个奖项。

美军各军种类似事例还有很多。管理体制的调整，加强了军种在采办决策和国防科技创新管理中的作用，使军种参谋长/作战部长能够更深地介入采办程序，进一步强化了采办机构与用户之间的沟通协调，使采办与作战需求结合更加紧密，并通过体制机制调整改革，极大地增强了军种在国防科技创新发展中的主动性和积极性。

四、挖掘利用民间科技潜力

近年来，随着民用高新技术快速发展，世界主要国家举办名目繁多的各种计划和创新活动，重视解决国防科技领域的知识产权问题，充分吸引社会力量广泛参与国防科技创新，加快国防科技创新步伐。

（一）利用各类创新计划探索国防创新新模式

世界主要国家利用名目繁多的各种计划，吸引社会各界创新思想，资助民用技术和能力引入，促进科技成果转化应用，更好地为国防和军队服务。

例如，美国陆军训练与条令司令部主导的“疯狂科学家”计划，旨在通过与学术界、工业界、政府的合作及对话，汲取关于技术与人类发展趋势的研究成果，帮助美国陆军探索2050年前的作战环境演变，引领未来战争思想发展，并塑造未来地面作战形态。2018年2月底，该计划发布了影响未来作战环境的十大生物融合趋势。

又如，美国著名的“小企业创新研究计划”和“小企业技术转移计划”，是美国政府于20世纪80年代初和90年代初，分别推出的科技创新计划和技术转移计划。国防部是这两项计划最大的投资人和获益者。这两项计划实施30多年，取得巨大成功，先后被德国、加拿大、俄罗斯等10个国家和地区所效仿。国防部每年1月均对上一年计划执行情况进行总结，2018年也不例外。从总的情况看，小企业获得的研发支持资金逐年上涨。2013财年小企业创新研究计划占国防部对外授出研发资金的比例为2.5%，2017财年这一比例增至3.2%。小企业参与的国防研发工作范围不断扩大。截至2017年底，国防部发布的小企业创新研究项目达600余项，目前参与的部门包括陆军、海军、空军、导弹防御局、国防高级研究计划局等13个部门和机构，涵盖了国防部所有重点技术领域，“第三次抵消战略”提出后，小企业创新研究计划更加注重高分子材料、人工智能、大数据分析、3D建模技术等领域的投资。总结其做法，一是通过法律强制要求政府部门对小企业及创新成果提供资助；二是国防部高度重视小企业计划，占政府各部门投入总额的50%；三是每年3次定期网上招标进行目标管理；四是按不同阶段梯次投入，保障了大规模获取小企业创新能力的持续引入。

再如，2017年6月，欧盟委员会宣布成立欧洲防务基金，规模55亿欧元；2018年6月，欧盟又决定将基金预算规模在未来两年增至130亿欧元，旨在推动各成员国在国防科技研发和国防装备采购上加强合作。7月，先行启动基金试点，预算5亿欧元，为“欧洲国防工业发展计划”设立专项基金，着重于卫星通信、可持续能源、网络和海事安全等方面国防产品和技术的创新开发和升级。该基金将使欧盟跻身欧洲防务研究和技术投资者之列。

这些计划和基金投资灵活，形式多样，走出了一条军民互惠互利的道路，积累了许多成功经验，助力创新能力的引入，并取得了较好成效。

（二）举办各种活动吸引社会力量广泛参与科技创新

近年随着军内外高新技术成果不断涌现，美国、俄罗斯、英国等国家更注重借助各类研讨会、专题性峰会和展览展示会等，激发各类创新思想、创新理念和创新活力，发挥窗口效应宣传展示最新国防科技成果。美国国防部特别注重采用提案日、工业日等开放日活动方式，扩大科技创新竞争范围，广泛吸收专业技术力量。2018年2月，美国陆军项目执行办公室指挥、控制和通信战术和陆军网络跨功能团队在马里兰州阿伯丁试验场举行战术网络工业日，主题是确保陆军能够在竞争和拥挤环境下安全运行弹性网络。陆军概述了战术网络现代化的需求和优先事项，希望工业界协助推进陆军现代化并改善系统采办流程。6月，DARPA战术技术办公室主办了“虚拟提案者日”，通过预先录制的关于战术技术办公室的目标和投资范围的视频，提供关于“2018年未来战争的颠覆性能力”的广泛机构通告的相关信息，为公司和个人提供与战术技术办公室项目经理直接交流的机会，就军事任务体系的高级研究、开发和演示等概念进行讨论。DARPA这种寻求颠覆性的想法，意图从根本上改变开发、设计、建造、部署和操作军事系统的方式，可以产生转向完全不同方向的新概念，并可能转化为有力的提案。

挑战赛是进行国防科技创新的重要举措，旨在引导和加速全球范围内的前沿科技研究成果向满足特定军事技术需求的成果转化。2018 年，DARPA、情报高级研究计划局、国防情报局等机构分别举办了“发射挑战赛”“地下挑战赛”“频谱共享挑战赛”“XAMINE 信息验证挑战赛”“地缘政治事件预测挑战赛”“保障数据挑战赛”等一系列挑战赛事。能源部也不例外。例如，2018 年 10 月，美国能源部宣布，与 Freelancer. com（全球最大的自由职业者聚集平台和众包平台，拥有超过 3000 万用户）合作推出制造创新挑战，设置了用于灾难响应的增材制造和固态照明两个项目，旨在为下一代制造业提供众包解决方案，促进创新并吸引广泛的行业参与，以提高能源生产力并加强美国的工业基础。俄罗斯先期研究基金会成立 6 年，举办创新赛、挑战赛接近 30 次。2018 年 11 月，英国和澳大利亚联合举办竞赛活动，由英国政府国防和安全加速器以及小型企业国防创新研究中心具体承办，寻求在材料技术联合研发方面的创新提案，以满足军事平台对材料的挑战性要求。2018 年 8 月，印度国防部启动“辅助原型与分析启动”倡议和“印度国防创企问题”挑战赛。前者将征集相关军事技术解决方案。后者是“国防优势创新”计划的一部分，该计划由印度总理于 2018 年 4 月提出，旨在打造自主的“国防创新和企业精神”生态系统。印度国防部将借挑战赛资助初创企业和小型企业，促进商业技术军事化。挑战赛重点关注内置传感器的单兵安全系统、离线加密或分级安全工具、基于 4G 的战术局域网、先进海水淡化系统和舱底水油分离系统、智能物流、遥控飞行器、激光武器、无人水面和水下系统等 11 个主题。国防部将为每个选中项目提供 22 万美元。

美国国防部通过召开专题会议充分激发创新热情和活力，举办综合性展示会全面宣传前沿科技成果，军种组织筹办各类研讨会推进国防科技工作开展，智库举办专题会议推进作战概念和前沿技术发展。2015 年以来，美国陆军已不定期举办了四届“创新峰会”，探讨未来陆军科技发展和创新概念，寻求民口企业的优势创新技术。2018 年 11 月，法国国防创新局举办首届国防创新论坛，会上展出了 160 项国防和民事应用创新成果。创新项目主要分为7 大部分：明日间谍、明日战争、每日创新、隐身斗篷、为人类创新、超越地平线、国防创新局。参与创新的既有百年历史的家族企业，也有 2016 年才创立的仅有 30 人的创业公司，他们的创新成果从仿生腿到可穿戴式安全气囊，从隐身斗篷到自动分析图像，有些项目已经得到法国军方的关注。

（三）重视解决国防科技领域的知识产权问题

国防科技创新涉及的知识产权问题，特别是技术数据权有关问题是世界性难题。当下，人工智能等前沿技术快速发展，其军事应用更需要在这方面加快破题。早在 2001 年，美国就发布了《国防部知识产权问题指南——在商海中航行》，核心就是解决含有技术秘密权的技术数据权交付和使用问题。美国《2016 财年国防授权法》要求国防部成立一个咨询小组，修改重大国防采办项目技术数据管理条例，解决有关技术数据权争论难题。《2017 财年国防授权法》授予国防部更多数据权谈判权力，可以通过谈判对于从私营企业获取的技术数据给予适当补偿。《2018 财年国防授权法》要求国防部制定“知识产权购买或许可”政策，并建立专家队伍协助管理和获取知识产权，确保项目主任了解政府的知识产权政策，能够充分利用相关技术与实践经验，在早期采办过程获取知识产权；要求国防部长在选择承包商进行主要武器系统的工程和制造开发或生产之前，进行技术数据的谈判。这些条款和改革显示出国防部正在扫清知识产权方面的制度障碍，以将最先进的技术从企业快速转移到国防部，为美军获得更大的技术优势创造便利。

五、关注军地人才双向使用

卓越的创新人才是世界军事强国谋求军事技术长久竞争优势的重要支撑。美国新版《国家安全战略》和《国防战略》都强调要保护由“知识、能力与人才”共同构成的“国家安全创新基础”。美国《国家安全战略》提出，要吸引并留住发明家和创新者，美国政府必须改善与产业界和学术界的合作，以及对技术人才的招募。

（一）美国防创新委员会针对军队人才培养提出建议

2018 年，美国国防创新委员会针对提高官员创新素养、专业技术人才引进和管理、高端理工人才培养和军地人才统筹等方面，提出了建设性举措，以下建议已被采纳。

（1）国防部设立首席创新官。其职责与首席技术官不同而且互补，专门作为创新的倡导者，协调、监督和统一国防部的创新活动，包括设计可广泛应用的创新模式和系列规则，开展内部众包、创新比赛和教育培训等创新活动，设立并利用国防创新网络促进信息共享和内部技术交流等。

（2）使用知名学府课程培训国防部高官创新素养。根据现有和新兴作战需求，以哈佛大学、斯坦福大学和沃顿商学院等知名学府的职业培训课程内容为基础，为国防部高层官员建立高新技术和创新培训计划，学习商业企业在技术推进和管理创新上的成功经验，了解国防科技创新现状和快速采办发展趋势，增强与商业企业在新兴技术领域合作的意识，全面提高国防部高层领导和推广高新技术应用的能力。

（3）采用孵化器的方法突破僵化军队人事制度。虽然国防部不能完全掌控并改变美军“晋升或退出现役”人事制度，但可以采用创建孵化器的方法进行创造性改进，富有创意的现役专业领域人员经选拔后，可申请暂时离开现有“晋升或退出现役”军队人事系统，在孵化器中从事所热衷的专业领域问题研究，超越常规体制障碍，通过发挥创意得到晋升。孵化器参与者在项目完成后可选择离开军队，也可转到国防部文职岗位继续从事专业工作，或者选择返回军队“晋升或退出现役”系统。

（4）借鉴创新公司经验创建特色人才发展路径。创建“创新 + 科学、技术、工程和数学”（I + STEM）这一新的职业领域，组建 I + STEM 小组并在联合部队内部运行，协助指挥官整合创新能力、敏捷能力和反应能力，采用快速采办方法，从而有效提高联合部队的杀伤力。同时，建立军队计算机科学家独特的职业轨道，激励现役人员专心从事计算机科学研究，保护其免受岗位转换带来的专业发展压力；设立新项目并拓展现有项目，提供服兵役换取奖学金等优厚条件，吸纳优秀的计算机科学、STEM 领域本科生和研究生，努力使计算机科学成为国防部的核心竞争力。

（二）美军重视网络人才的培养并制定特殊政策吸纳入伍

美国在《2018 年国防部网络战略》中指出：一要维持战备网络人才队伍。国防部将继续培养未来型人才，为网络人才的技能、职业发展提供大量机会，维持整个军用和民用网络人才队伍，并优化各军事部门的人员轮换制度。二要加强国家网络人才培养。国防部将与其他政府部门及机构进一步在全美初级、中等教育层次上推广科学、技术、工程、数学和外语（STEM – L）学科教育。国防部还将与企业和学术界合作，制定培训、教育和网络安全意识方面的标准，以推动网络人才培养。三要将软、硬件专业知识作为国防部的核心竞争力。国防部将为计算机科学相关专业人士（包括硬件工程师、软件开发人员和数据分析师）建立职业发展路径，以吸引高科技网络人才。四要建立尖端网络人才管理计划。国防部将建立网络人才管理计划，为尖端网络人才提供培养技术能力的集中资源和机会；并通过竞争机制，筛选出国防部的顶级网络专家，并委任他们解决国防部最棘手的问题。在实践中，为破解网络人才稀缺难题，美国陆军网络司令部直接从商业部门聘请技术专家，这项直接委任计划是2017 年底启动，5 月份开始从近250 名申请者中选出前两名直接委任官员。第二批申请者也已通过审查，5 名申请者进入该项目。该计划每年举行4 次选拔活动。

（三）俄罗斯科技连人才培养模式成效显著

俄罗斯国防部自2013 年开始组建科技连，每年从地方大学选拔优秀毕业生入伍以服兵役的形式从事科学研究工作，旨在为俄罗斯国防科技的进步和发展提供强大的后备力量和智力支持。科技连主要依托俄罗斯国防科研机构的科技研究硬件设施，从事与国防和军队建设密切相关的科学研究工作。科技连组建4 年多以来，学员的工作成果显著。以隶属于空天军的第2 科技连为例，其学员已经获得19 项发明专利，提出107 条合理化建议，递交了75 项计算机程序产品的注册申请，并在专业刊物发表论文364 篇。一般来说，科技连一半的学员会选择在军官岗位上继续服役。

六、结束语

从总的情况看，2018 年，美、俄等国围绕新技术快速反应、先进能力快速引入和快速部署，出台战略文件，调整国防科技管理体制机制，出台多项创新举措，国防科技管理在整体上呈现出开放兼容、快速引入、精准部署、弹性可塑、安全可控、持续优化的发展趋势和特点。

从持续跟踪与专业分析看，在可预见的2019 年，将是推动高端技术领域持续发展的一年，将是国防采办加快适应性改革的一年，也将是适应数字时代发展细化落实政策的一年，国防科技管理领域会出现以下趋势：

科技创新上，美国将在时隔 12 年之后恢复发布《国防科技战略》，全面实施各类战略规划，如《人工智能战略》等，第三代人工智能、国家量子科技等重大计划将启动实施；俄罗斯将于 2019 年中期发布人工智能发展路线。

政策法规上，美国将重新修订国防部指示 5000. 02《国防采办系统的运行》，继续减化程序适应快速引入；美国国防部将重新制定知识产权规则和软件研发策略。

体制机制上，结合国防科技与采办管理改革动向，2019 年，美国将重点梳理国防部研究与工程体系，统筹协调军种科学与技术机构、国防部实验室、DARPA、战略能力办公室以及国防创新小组的项目，并捋顺这些机构之间的关系，并有望在 2021 年底前完成这项工作。俄罗斯“纪元”大型科技园将探索创新引入新模式，美、法等国将实施原型化策略，加快新能力引入。

（军事科学院军事科学信息研究中心　李洁　陈健苹　张代平）

2018 年俄罗斯国防科技管理发展综述

2018 年，在全球新兴技术激烈竞争态势下，俄罗斯顶层出台科技创新和武器装备建设相关战略规划文件，组建科技园等新型科技创新机构，推进国防科技多样化发展。

一、普京国情咨文系统阐述科技发展新理念

2018 年，普京多次主持召开专题会议研究军事技术创新问题，指出以人工智能、微电子、生物工程等为代表的新技术正在改变未来战争形态，美国等西方国家积极发展高新军事技术，强调俄罗斯必须加速抢占军事技术制高点，引领世界军事技术发展。2018 年 3 月，普京总统发表的年度国情咨文，一部分预示着普京下一个任期的执政理念。普京指出，全球正在积累着巨大的技术潜力，这将推动技术的突变，技术的落后和技术的依赖意味着牺牲国家的安全和经济潜力，导致国家主权的丧失。普京用了大量篇幅论述了俄罗斯科技发展重点方向的思路，包括最短时间内创建先进的立法架构，为人工智能、无人驾驶、机器人、大数据等技术的发展和广泛

应用，消除所有障碍；建设第五代数据传输网络和物联网连接建设；建立俄罗斯本国的数字平台，与全球信息空间兼容，包括使用区块链技术；进一步加强基础科学研究，巩固俄罗斯基础科研在全球的领先地位等。普京在采访中表示，以人工智能、微电子和生物工程等为代表的高新技术正在改变未来战争，这将成为俄罗斯国防致力于发展非对称遏制能力的技术支撑。据此，俄罗斯制定了《2030 年前武器装备与军事技术主要发展方向》等规划性文件。

2018 年，普京签署的《2018—2027 年俄罗斯武器装备发展规划》正式启动落实，提出了俄罗斯武器装备和国防科技未来发展的目标和重点任务，保障核力量和空天防御力量发展，有选择地优先发展海、陆、空、天武器装备，建立新型科研组织管理体系、加强与地方科研机构合作、开展国防科技创新活动，加强军事基础科学和前沿技术的探索性研究，重点研发人工智能、先进材料、机器人、无人系统、制造技术、量子计算机和纳米技术等。

二、持续推动新面貌军事改革健全领导体系

俄罗斯认为，军事技术创新发展需要加强组织领导与统筹规划，集中全国最优秀的智力和技术资源共同推进。一是国家级军事科研创新领导机构取得新进展。根据普京命令，2013 年俄罗斯主管军工建设的副总理罗戈津牵头组建了类似美国国防高级研究计划局的先期研究基金会，专门负责国家级基础性、颠覆性研究项目的规划设计和宏观调控。至 2018 年，先期研究基金会运行 6 年，在高校、科学机构建立了 40 多个实验室，开展了近百个研究项目，举办了近 30 个创新赛、挑战赛，审查了 2000 余份项目申请

和1000多份突破性科技创意申请，组织了数十场大型圆桌会议，同50多个机构签署了合作协议。俄罗斯还成立国家机器人技术发展中心，对军用、民用及军民两用机器人技术培训研发进行组织协调和进程监督。二是完善国防部军事科研领导指挥体系。俄罗斯国防部创建了军事科研垂直领导指挥体系，专设主管军事科研的副部长，下设科研和先进技术工艺创新总局，负责跟踪全球前沿军事技术发展，为建立俄军前沿科技储备、开展武器装备创新研究提供系统保障。俄罗斯国防部还增设跨军种先期研究和特种规划局，以及特种研发中心，强化对跨军种基础性、应用性先进装备研建的统筹规划。

三、推进国防工业多样化发展明确民用转化方向

充分发挥俄罗斯先进的国防工业优势为国民经济服务，是俄罗斯在国防方面的一贯做法。1992年，俄罗斯即颁布了《军转民法》，近年来“多样化”更是俄罗斯国防工业领域的热词。2018年1月，俄罗斯副总理罗戈津明确指出了俄罗斯国防工业多样化发展框架下的三个重要方向，即为能源燃料、医疗器械、家电产品与通信设备三大领域提供产品。一是为能源燃料行业创造产品。该领域现处于美国制裁之下而无法长期稳定地获得产品，如液化天然气新项目将需要大量的各种设备，这个市场有数百亿美元的容量，这些产品都可以很容易地在俄罗斯发动机制造企业生产。二是医疗器械，俄罗斯每年在该领域进口3500亿卢布，而进口的全部设备都可以由俄罗斯机械制造企业来生产，俄罗斯技术公司、俄罗斯航天公司、俄罗斯原子能公司有充分的实力。三是通信设备、家用电器，包括电话、收音机、电视机、电脑。此外，2018年1月，俄罗斯国家杜马成立国防工业多

样化发展工作小组，在立法分析、制定建议方面为国防工业企业多样化发展创造条件。该小组成员包括杜马委员会在经济政策、工业、创新发展和经营、国家建设和立法，以及自然资源、财产和土地关系方面的代表。

四、以军民协同方式创建平台激发创新活力

俄罗斯国防部注重激发军事技术创新发展活力，通过打造新机制、新平台，按照军民协同模式系统推进军事科研创新。一是加强园区建设带动国防科技基础能力发展。2012 年俄罗斯经济发展部选择了 25 个区域创新园区试点项目，涉及新材料、航空航天、船舶制造、信息技术等多个领域。工业园区是俄罗斯国防工业整体能力提升的重要载体，往往围绕某个国防产品领域包含大量最终产品制造和配套产品生产企业、大学和研究机构分支。从区域和专业角度考虑，这些园区实际上构成了俄罗斯版的“制造业创新网络”，以斯摩棱斯克复合材料业务集群为例，形成了以新材料为主的围绕航空、航天、汽车等行业的工业群，推动了国防工业发展，同时兼顾军用和民用。2018 年普京年度国情咨文指出，俄罗斯目前已经在喀山、萨马拉、托木斯克、新西伯利亚、叶卡捷林堡、秋明、符拉迪沃斯托克等城市，建成了整合大学、学术机构、高科技公司地区性和跨地区性的科学教育中心。二是创建军事技术创新科技园区。2018 年 6 月，普京签署《组建俄联邦国防部“纪元”军事创新科技园》总统令，批准组建俄联邦国防部“纪元”军事创新科技园，按照“科学与教育”和“先进工艺与创新”两大方向，建设现代化的实验室和工程中心，配备开放使用的科技设备中心和工艺技术中心，开展人工智能技术、超级计算机、信息安全等 8 大领域研究，以提高基础科研能力和缩短新型武器装备研制周期。国防部“纪元”

军事创新科技园是俄罗斯首个大型军事技术创新人才培养综合基地，计划同步引入科技连，以及军工企业、地方高校等科研组织，重在为新型军事技术研发提供支撑。三是俄罗斯圣彼得堡创新集群正在积极组建中。根据2017年10月《关于实施建设和发展圣彼得堡国立信息技术、机械与光学研究型大学校区综合项目》政府令，俄罗斯在圣彼得堡南部的普希金区建设类似莫斯科斯科尔科夫创新中心的创新集群，总投资约410亿卢布，35%来自私人投资，53%来自财政拨款，12%来自地方财政拨款，占地40万米^2，包括科学中心、实验室、教学楼等设施，将可容纳50个实验室和至少5个创新产业，并将成立股份公司负责项目实施。四是确立军地联合研发机制。在人工智能、量子通信、新材料、生物工程等前沿技术领域，俄罗斯国防部与联邦科学院及先期研究基金会等确立了常态化联合研发机制。同时，俄罗斯国防部设立“开放之窗”创新平台，鼓励地方高校、科研机构、研究团队及个人，向军队有偿提供前沿项目创新方案。

五、加强科研基础设施改善资源共享环境

资源共享是俄罗斯推进国防科技创新的重要内容。一是俄罗斯以往在这方面就开展了大量工作。俄罗斯一贯重视实验基础设施的建设，其实验基础设施实力雄厚，投入巨资建设了大量国家统一的基础实验设施。如俄罗斯中央流体力学研究所拥有的仿真系统，有上百个各种式样的机翼、弹翼的仿真模型，可供飞机、导弹等有翼装备研制时进行配型实验。俄罗斯一直高度重视加强科研基础设施建设。根据2018年普京年度国情咨文，俄罗斯在加特契纳和杜布纳已经建成了先进的大科学装置，总统科学和教育委员会已决定在新西伯利亚科学城建造大功率同步加速器，在莫斯科州的

普罗特维诺（科学城）建造新一代加速器，并以实施大科学工程和科研项目为载体，吸引来自海外的科学家。二是俄罗斯科研设施共享中心和独有研究装置建设取得新进展。发展科研设施共享中心和独有研究装置的主要目的，在于为学术机构和科研组织打造无障碍环境，使其能够自由使用开展研究工作所必须的设备。目前，俄罗斯联邦科研机构管理署共有250个科研设施共享中心，12个超算中心，160余套独有装置。根据2018年5月普京签发的《关于联邦执行权力机关结构》总统令，俄罗斯将撤销原俄联邦科研机构管理署，其职能移交至新成立的科学与高等教育部。三是对政府主管教育和科技的组成部门进行部分改组。在教科领域，为实现到2024年使俄罗斯进入世界前五大科研领先国家行列的目标，普京指示对原教育与科学部进行重组，分别成立教育部和科学与高等教育部，前者将专注于大学前教育，后者将专注于实现技术突破。新的科学与高等教育部的主要职能为：制定并实施在职教育、科技创新活动、纳米技术、联邦科学和高技术中心和国家科学中心和科学城建设、知识产权、青年人才政策与社会保障等领域的国家政策和法律法规；在高等教育、职业教育、科技和创新活动领域提供国家支持并进行国有资产管理，包括支持联邦科学和高技术中心、国家科学中心、特色试验仪器和设备中心、联邦科研设备联合利用中心、顶级科研机构、新一代国家研究型计算机网络等开展活动，为国家科学、技术和创新活动提供信息保障。

（军事科学院军事科学信息研究中心　李洁　陈健苹　李华）

2018 年欧洲国防科技管理发展综述

2018 年，欧盟以及德国、英国、法国等欧洲国家，上至政府、军队，下至科研机构和产业界，都注重采取行之有效的措施，积极推进国防科技多国一体发展。

一、欧盟防务向多国一体方向发展

欧盟作为一个政治、经济共同体，在促进成员国经济和社会均衡共同发展的同时，也在不断推动安全领域的合作，加快防务一体化进程，以期在更高层面、更广范围上实现欧洲地区的多国一体发展。

（一）欧盟签署永久结构性合作防务协定

2017 年 12 月 11 日，欧盟理事会正式通过《关于建立永久结构性合作的决定》。欧盟认为，永久结构性合作是在有能力并且有意愿深化防务合作的成员国之间达成一项具有约束力的、有抱负的、包容性的合作框架。作为一种新的合作框架或工具，永久结构性合作旨在改变以往欧盟内部双边或多边军事合作的混杂模式，并使之成为更有效的防务一体化形式。该合作允许参与成员国共同发展军事实力，投资防务合作项目，加强成员国武装力量。欧盟理事会在通过永久结构性合作的同时公布了成员国达成共识的第一批17个防务合作项目清单，涵盖军事培训、网络安全、后勤支持、救灾和战略指挥等方面。2018年3月，欧盟理事会正式通过了上述第一批17个不同合作项目及参与者，并为进一步执行“永久结构性合作”设定了路线图。11月，欧盟内的23个成员国正式签署了“永久结构性合作”防务协定。这是欧盟防务政策数十年来迈出的最大一步，有助于加强欧盟整体防务力量建设，加快欧洲防务一体化进程。“永久结构性合作”这一新的更加灵活的合作模式将有助于缓解以往各国政府间合作模式的效率低下的弊端，将更有利于欧盟加强防务合作，推动其国防科技工业基础向多国一体发展。

（二）建立“欧洲防务基金”资助国防科技发展

2017年6月，欧盟委员会宣布成立“欧洲防务基金”，资金规模为55亿欧元，旨在推动各成员国在国防科技研发和国防装备采购上加强合作。该基金将通过欧盟预算直接资助成员国的创新型国防科技和产品的研究，如电子、超材料、加密软件、无人机、机器人技术等。2018年6月，欧盟委员会发布2021—2027年财政预算提案，“欧洲防务基金”的规模增至130亿欧元。其中41亿欧元用于直接资助的竞争和合作研究项目，89亿欧元用于补充成员国共同出资的原型开发及随后的认证和测试要求的费用。该基金将使欧盟跻身欧洲四大防务研究和技术投资者之列，并成为创新性、竞争性科技工业基础的催化剂。

2018年7月，欧洲议会批准为“欧洲国防工业发展计划”设立专项基金，2019—2020年预算为5亿欧元。该计划是“欧洲防务基金”的试点项目，着重于卫星通信、自主进入太空和永久地球观测、可持续能源、网络和海事安全、陆海空高端军事能力、联合多域系统等方面国防产品和技术的创新开发和升级，将为这类项目的研究、设计、测试和认证等阶段提供资金，以此推动欧盟国防科技和工业创新，加强国防产业自主性，提高国防预算支出的效率。

“欧洲防务基金”以多国合作和创新为抓手开展业务，主要特点：①资助的项目是有助于使欧盟更安全、符合成员国在共同安全和防务政策以及诸如北约等其他区域和国际组织的框架内商定的优先事项的项目；②只有来自3个成员国的至少3名参与者参加的合作项目才有资格获得投资；③欧盟仅就合作项目的原型开发出资，且成员国已经承诺购买最终产品；④激励中小企业的跨境参与，包括提供更高的融资利率，为有中小企业参与的项目提供支持，并在必要时发起专门的提案呼吁；⑤瞄准突破性创新，5%的资金用于颠覆性技术和创新装备，使欧盟能够提升其长期的技术领先地位；⑥“永久结构性合作”的项目如果符合条件，可以多获得10%的共同资金，但并非必然。

（三）实施欧盟能力建设计划协调未来军事能力建设

为了增强军事能力发展的协调性、提高防务计划的连贯性，欧洲防务局指导委员会于2018年6月签署了“2018年欧盟能力建设计划”，并批准了相关能力发展优先事项，以此作为欧盟及其成员国确定防务能力改进重点与合作活动的主要参考，合作可以在任何框架下进行，包括“永久结构性合作”和“欧洲防务基金”。优先事项的制定充分考量了欧盟防务能力分析情况、欧盟军事委员会提供的近期经验教训，以及每种能力的合作潜力等。该计划通过将技术未来趋势与未来能力需求、相关的研究与技术需求以及行业前景联系起来，提供对每项技术未来发展（2035年及以后）和每种能力的需求评估。2018年欧盟军事能力发展重点包括：网络响应行动的实施能力，天基信息和通信服务，信息优势，地面作战能力，后勤和医疗保障能力，海军机动性，水下控制，空中优势，空中机动，空中军事能力整合，实现跨域能力等。

（四）通过“欧盟框架计划”资助前沿技术创新

除在防务领域合作发力外，欧盟还继续通过“研究、技术开发及示范框架计划”（简称“欧盟框架计划”），促进欧盟科技一体化发展。该计划自1984年开始实施以来，已经完成7个7年迭代滚动框架实施计划，正在进行的是第8个，即“地平线2020”计划（财政预算期为2014—2020年，研发经费总投入860亿欧元）。“欧盟框架计划”是一个由欧盟成员国和联系国共同参与的中期重大科技计划，是欧盟投资最多、内容最丰富的全球性科研与技术开发计划，也是当今世界上最大的官方科技计划之一，具有研究水平高、涉及领域广、投资力度大、参与国家多等特点，以研究国际科技前沿主题和竞争性科技难点为重点，其中包括军民两用新兴技术的研发。2018年6月，欧盟委员会正式提交了第9个7年（2021—2027年）框架计划——“欧洲地平线”。据悉，该计划的临时预算约为1000亿欧元，数额之巨堪称欧盟科研资助规模之最，将重点关注三大领域：基础研究、创新和社会重大问题。欧盟委员会表示，“欧洲地平线”首次对所有国家（包括脱欧后的英国）开放，符合特定条件的国家可以通过谈判参与。

在拟议的预算中，将有超过100亿欧元流入新成立的欧洲创新委员会，该委员会的使命是将开创性的新技术推向市场。目前，欧洲创新委员会已经作为“地平线2020”的试点计划开始运行，将为研究人员和企业提供资金，资助他们进行基础科学研究。欧洲创新委员会还将投资创业公司，帮助他们扩大“混合融资”（部分来自捐款、部分来自贷款）的规模。这一机制的设计初衷是为了克服“死亡之谷”问题——欧洲国家擅长做出重大发现，但很难将其转化为生成能力、创造市场、增加就业岗位的产品。

（五）发布欧盟人工智能政策性文件统筹发展

人工智能已经成为推动新一轮科技革命和产业变革的驱动力，世界发达国家纷纷把发展人工智能作为提升国家竞争力和维护国家安全的重大战略，在2018年纷纷出台相关战略规划和政策。2018年4月，25个欧洲国家签署《加强人工智能合作宣言》，强调作为“欧洲数字化领导者”的北欧和波罗的海国家将加强人工智能方面的合作，以保持欧洲数字化领先地位。4月,欧盟委员会正式发布了《欧盟人工智能》报告。该报告作为政策文件，提出欧盟将采取三管齐下的方式推动欧洲人工智能的发展：增加财政支持并鼓励公共和私营部门应用人工智能技术；促进教育和培训体系升级，以适应人工智能为就业带来的变化；研究和制定人工智能道德准则，确立适当的道德与法律框架。为了支持《欧盟人工智能》的落地实施，6月，欧盟委员会组建了人工智能高级小组，小组由来自学术界、商业界和社会团体的52名专家组成，就如何处理与人工智能有关的中长期挑战和机遇提出建议，这些建议将成为人工智能政策制定、立法评估、下一代数字战略制定的重要考量。该小组还将编写伦理指导原则草案，涵盖公平性、安全性、透明度、未来工作以及对维护基本权利的影响（包括隐私和个人信息保护、尊严、消费者保护和非歧视）等问题。12月，该小组发布了人工智能道德准则草案，重点关注未经同意的识别、隐蔽的人工智能系统、未经同意的规范和大众公民评分、致命自主武器系统等四个关键问题。

二、德国、法国、英国推进国防科技发展

德国、法国、英国在科技发展战略规划制定过程中，注重在国家层面上统筹科技开发和军事需求，总体指导和引领国防科技发展。

（一）德国

1. 发布 2025 高科技战略统筹国防科技发展

德国联邦教育与研究部是主管德国科技发展的政府职能部门，负责制定并实施科学技术的发展方针和政策，利用政策法规和管理科研经费等手段，对国家科技活动进行宏观调控。2018 年 9 月，德国内阁通过了由教研部主持制定的《2025 高科技战略》，该战略是 2010 年《2020 高技术战略》和 2014 年《新的高技术战略——创新德国》（亦称《高科技战略 3.0》）的延续与发展。作为德国未来高技术发展的指导方针和德国政府继续促进研究和创新的战略框架，新一轮高技术战略明确了德国未来 7 年研究和创新政策的跨部门任务、标志性目标和重点领域。战略以“研究和创新”为主题，将高技术研究和创新与国家安全、经济可持续发展以及提升国民生活质量紧密结合。为此，联邦政府在 2018 年将投资 150 亿欧元促进尖端技术发展，关注的 6 个重点领域为：①健康和护理；②可持续及气候保护和能源；③零排放智能化交通；④安全；⑤宜居环境和可持续发展；⑥经济和劳动力 4.0。在安全领域，德国将开发“全新的整体 IT 安全解决方案”，其中量子通信将发挥重要作用。在经济和劳动力 4.0 领域，政府将加强人工智能应用、太空利用以及通过 3D 打印或有效利用资源智能地设计和使用材料。新的重点措施包括创建创新机构（跨越创新促进署），并通过税收优惠支持研发，特别是针对中小企业。

2. 发布人工智能战略推动智能科技发展

2018 年 7 月，德国发布《联邦政府人工智能战略要点》文件，要求政府加大对人工智能相关重点领域的研发和创新转化的资助；加强同法国人工智能合作建设、实现互联互通；设置专业门类的竞争力中心；加强人工智能基础设施建设等，以将该国对人工智能的研发和应用提升到全球领先水平。11 月，德国联邦政府正式发布了人工智能战略，倡导用人工智能打造德国的国家竞争力，从而将人工智能的重要性提升到了国家的高度。其人工智能战略有以下三大特点：①全面思考了人工智能对社会各领域的影响；②定量分析了人工智能给制造业带来的经济效益；③重视人工智能在中小企业中的应用。

3. 通过量子技术计划夯实发展基础

2018 年 9 月底，德国联邦内阁会议通过了由教研部提出的《量子技术——从研究到市场》计划，这是德国政府为系统推进量子技术研究的第一个框架计划，将在本届任期内投入 6.5 亿欧元。该框架研究计划旨在为量子技术的发展打下牢固的学术、人才和经济基础，其中的主要措施包括：设立能力研究中心，建立网络组织，与经济界开展协同研究，为青年后备人才设立研究小组等。重点研究领域是量子卫星、量子计算和用于高性能安全数据网络的测量技术等。

4. 成立创新机构推动前沿技术创新

2018 年 8 月，德国联邦内阁决定成立一个创新机构——跨越创新促进署，随后公布的德国《2025 高技术战略》指出这是促进德国高技术发展的重点措施之一。跨越创新促进署专门帮助那些能给市场带来革命性变化、具有重大社会效益的“开拓性创意”转化为应用。该署隶属联邦教研部和经济能源部，主要职责是定义跨越式创新技术与资助创新项目。在 2022 年前的启动阶段，政府将投资 1.51 亿欧元，举办 10 项创新竞赛，启动 10 个“尖端项目”，2029 年前计划总投入约 10 亿欧元，高校、研究机构和企业等都具有申请资格。与此同时，内阁还批准设立由国防部和内政部共同领导的新机构——“网络安全和关键技术颠覆性创新机构”。该机构类似于美国国防部的创新机构 DARPA，主要研究与德国国防与国家安全相关的颠覆性技术，预计将在 2019—2022 年之间获得 2 亿欧元（约 2.3 亿美元）的预算，员工人数达到100 名，主要任务是开发新技术，以保护德国的军民数字基础设施免受网络攻击。

（二）英国

1. 统筹布局航空航天技术和产业发展

英国高度重视保持和增强航空航天等优势科技和产业领域的领先性和竞争能力，为此国防部和商业、能源与工业战略部等出台了多项相关战略，协调军地发挥合力促使航空航天技术和产业界进一步发展。英国国防部2018年7月公布了《空中作战战略》，战略强调采取行动通过升级“台风”战斗机、未来空中战斗机等采办计划催生、保持和利用航空前沿技术及其知识产权，加强英国作为航空领域全球领导者的角色，保护英国航空工业基础的关键技能。

英国军事系统日益依赖航天技术，为保护英国免受新兴天基威胁，英国2018年制定首个国防航天战略，提升航天技术水平，在捍卫太空利益的同时，确保英国继续处于航天技术领域的前沿，扩大航天工业对英国经济的贡献。航天发展伙伴关系（SPG）组织是英国航天工业界领导的工作小组，将航天工业、学术界、英国航天局、卫星应用中心、英国创新部和国际贸易部联合在一起，共同致力于英国航天发展。2018年5月，SPG发布《航天驱动国家繁荣战略》文件，该文件明确了未来10年航天发展的优先领域、主要目标和保障措施，强调推进工业界、学术界以及英国航天局、创新部、国际贸易部等政府部门的紧密合作，持续扩大全球航天市场占有份额，力争使航天产业对英国GDP增长的拉动作用实现倍增。战略明确的四大优先发展领域是地理信息服务、全球连接服务、在轨机器人和低成本进入空间等领域。12月，英国商业、能源与工业战略部又启动了一项针对英国航空航天业的新战略，旨在结合政府和行业力量，提振竞争力和出口能力，帮助英国航空航天业进一步发展。新的战略和政策主要包括以下4方面：①针对未来挑战，政府将投入1.25亿英镑开发电动飞机、城市空运飞行器等新技术；②创建英国航空航天研究联盟，将大学和研究机构聚集在一起，更好地协调和合作应对技术和能力挑战；③继续推进既定的国家航空航天技术开发计划（NATEP）；④政府和工业界共同向“SC21 竞争力和经济增长”供应链效率提升计划投资。

2. 通过航天工业立法统筹国防科技基础设施建设

英国政府不但通过发布相关战略引领航空航天技术产业的发展，还通过立法保障和促进航天工业的健康发展。2018 年 3 月，英国通过《航天工业法案》，该法案允许在英国本土实施商业航天发射，这让长期缺席航天发射领域的英国有机会建设自己的航天基础设施，并推动私营公司参与英国航天产业的发展，为英国开启太空创新、探索和投资的新时代提供了法律保障。这不仅能够确保英国能够从本土发射卫星和进行太空科学实验，而且还有利于未来如高超声速飞行技术和高速点到点运输等军事能力的发展。

3. 组建科技创新推进机构

2018 年 4 月，英国国家级科研资助机构——英国科研与创新署正式运行。该署是根据 2017 年 4 月颁布的《高等教育与研究法案》设立的，由 7 个研究理事会、英国创新署和英格兰创新署共同组成，汇集 60 多亿英镑科研预算，将政府从基础研究到商业创新的投资纳入清晰统一的战略框架。2018 年 11 月，英国和澳大利亚联合举办竞赛活动，由英国政府国防和安全加速器以及小型企业国防创新研究中心具体承办，寻求在材料技术联合研发方面的创新提案，以满足军事平台对材料的挑战性要求。

4. 积极发展人工智能技术

除了布局航空航天领域发展，英国也是欧洲推动人工智能发展最积极的国家之一，继 2016 年、2017 年连续发布《机器人技术和人工智能》《人工智能：未来决策的机会和影响》《在英国发展人工智能》报告后，英国政府在

2018 年4 月又发布了《产业战略：人工智能领域行动》政策文件，涉及推动政府和公司研发、STEM 教育投资、提升数字基础设施、增加人工智能人才和领导全球数字道德交流等方面内容，旨在推动英国成为全球人工智能领导者。

2018 年 5 月，英国国防部长在首次美、英联合国防创新委员会会议上宣布，英国将成立新的人工智能中心——“人工智能实验室”，致力于人工智能、机器学习和国防数据科学的研究，探索保持未来军事优势的重要技术领域。实验室的研究范围覆盖自动驾驶汽车、智能系统、打击假新闻、利用信息来慑止和降级冲突，以及加强计算机网络防御和改善指挥官决策支持。

（三）法国

1. 成立国防创新局强调加快原型试验进程

2018 年 9 月，法国正式成立国防创新局。该局隶属国防部武器装备总局，计划于 2019 年 1 月 1 日全面投入运营，拥有 12 亿欧元的预算，主要任务是寻求创新想法并加速使其进入国防部。该机构向民用经济和初创企业开放，并面向整个欧洲。创新局将启用新的管理和运行机制，特别强调加快原型试验进程。法国国防部长表示，虽然经济支撑着法国的国防工业，但国防工业也是法国经济的核心之一，刺激着研究并推动创新。2018 年 11 月，法国举办首届国防创新论坛，法国国防创新局展出了 160 项国防和民事应用创新成果。创新项目主要分为7 大部分：明日间谍、明日战争、每日创新、隐身斗篷、为人类创新、超越地平线、国防创新局。参与创新的既有百年历史的家族企业，也有 2016 年才创立的只有 30 人的创业公司，他们的创新成果从仿生腿到可穿戴式安全气囊，从隐身斗篷到自动分析图像，有些项目已经得到法国军方的关注。

2. 发布法国人工智能发展战略

法国以发展人工智能技术为抓手，促进军民两用新兴技术的发展。继

2017 年奥朗德政府发布人工智能战略后，马克龙政府于 2018 年 3 月公布了《法国人工智能发展战略》，提出了“以人为本，迎接人工智能时代”的理念，通过让广大国民了解、信任、认可并适应人工智能技术，进而为人工智能发展打下良好的群众基础。该战略要求各级政府部门制定相应措施，支持人工智能应用落地。战略重点关注 AI 生态系统、开放数据、政策支持和人工智能监管等领域，拟结合医疗、汽车、能源、金融、航天等法国较有优势的行业来研发人工智能技术，并宣布到 2022 年将投入 15 亿欧元用于人工智能发展，为法国人工智能技术研发创造更好的综合环境，其中 4 亿欧元专门用于相关颠覆性技术创新项目的招投标，8 亿欧元用于纳米电子学。在新的战略框架下，法国将致力于成为人工智能研发水平最高的国家之一，并力求通过相关技术研发孕育未来的龙头企业。为此，法国将通过简化科研人员创办企业的手续、允许科研人员在私人机构兼职等多种措施，加强产、学、研结合。

三、特点分析

分析上述 2018 年动态可看出欧洲国防科技一体化发展呈现以下特点。

（一）通过战略规划引领和协调多国一体发展

欧盟以及德国、英国、法国在国防科技发展相关战略规划制定过程中，注重在国家层面上统筹科技开发和军事需求，指导和引领军民两用新兴技术发展。例如，欧盟通过军事能力发展计划使军事、科技研发、工业领域之间的协调性和连贯性得到加强。

（二）成立创新机构吸引民间力量服务国防建设

为更好地推进科技与国防创新实践，欧洲国家设立了多种类型的创新机构，加快科技创新步伐，吸引民间力量服务军队建设。例如，欧盟成立欧洲创新委员会，德国成立跨越创新促进署、网络安全和关键技术颠覆性创新机构，英国成立科研与创新署、“人工智能实验室”，法国成立国防创新局等。

（三）举办创新活动挖掘军民科技新思想新方案

为在激烈的全球科技和军事竞争中抢占先机，欧洲也不甘落后，广泛采用挑战赛、峰会、创新论坛、研讨会、展览会等方式，开展各种科技和国防创新活动，挖掘军民科技新思想新方案，推进先进科学技术快速转化为军事能力。例如，2018 年 6 月，欧盟委员会启动“欧洲创新委员会地平线奖”（EIC Horizon Prize）大赛，向社会公开征集为轻型卫星提供低成本发射服务的、商业可行的创新解决方案。

（四）利用风投、合作等措施促进国防科技的发展和应用

为了使有限的投入和资源发挥更大的效益，欧洲的政府和企业界利用风险投资、国际合作等措施促进军民两用技术的发展和应用。例如，法国航天局2018 年为 Cosmi Capital 风险基金注入 0. 8 亿 ~ 1 亿欧元的资金，支持欧洲初创公司专注于太空技术的开发和应用。合作中既有国家间的合作，也有企业界的联合。例如，欧盟 15 个国家共同开展的“海洋 2020”项目 2018 年4 月启动，是目前首个跨欧洲军事研究项目，旨在验证在海洋环境中使用无人系统的增强型态势感知技术，其预研阶段已由欧盟防务局批准。再如，法国和意大利造船界意图通过联合研发和创新重新崛起，两国的造船工业协会在 2018 年签署了一份合作研发和创新路线图，法国海军集团和意大利芬坎蒂尼集团还宣布成立建造和出口海军舰艇的合资企业。

（军事科学院军事科学信息研究中心　陈健苹　李洁）

2018 年周边国家国防科技管理发展综述

在全球高新技术快速发展的时代背景下，日本、印度、韩国等周边亚洲国家，也先后出台科技创新战略、政策，组建国防科技创新机构，采取多种多样的措施，大力推进国防科技和装备等领域创新发展。

一、日本发布集成创新战略推动国防科技创新

（一）发布创新战略推动技术创新

日本每年发布科技创新战略，促进国家整体创新能力的提升。日本政府也积极在防卫省以外的政府框架下推动国防科技创新。2018 年 6 月，日本政府出台《集成创新战略》。该战略重点论述了 2018—2019 年应重点推进的举措，包括创新基础建设、科技创新创造、创新的社会应用、创新国际合作的开展以及需重点加强的主要领域等内容。

（二）大力推进新兴领域技术统筹发展

战略明确提出大力发展人工智能、生物技术、环境能源、国家安全、农业等重点领域，以及网络空间和物理空间相关技术、网络物理安全、自

动驾驶、制造业、光量子基础技术、基础设施管理、防灾减灾、健康医疗、物流、海洋、宇宙等重要领域。2018 年 7 月，为落实《集成创新战略》，日本最高科技决策机构——综合科学技术创新会议发布第二期战略性创新推进计划，重点资助网络空间、材料开发、光量子技术等 12 个领域，大部分都是军民同源新兴技术。自 2015 年第 1 版《下一代人工智能/机器人核心技术开发计划》发布以来，日本政府根据技术发展、国内资源和能力情况，不断对计划进行修正，2018 年 4 月，发布了该计划的第 5 版，进一步明确了下一代人工智能技术的研发布局和重点关注领域，包括前沿理论研究、下一代人工智能框架与核心模块研究、对人工智能进行评价的基础共性技术、下一代人工智能技术的应用，以及加强与美国的研发合作。

二、印度通过国防工业生产走廊等，打造国防创新生态系统

（一）计划建设国防工业生产走廊

建设国防工业生产走廊是印度政府通过提振国防工业响应“印度制造”倡议并带动走廊区域经济发展的新举措。2018 年 2 月，印度财政部长贾伊特利在提交 2018 年度联邦预算报告时宣布，印度政府将在国内建设两条国防工业生产走廊，并推出有利于产业界的军工生产政策，以推动印度国防工业的发展。一条走廊位于南部泰米尔纳德邦，将印度最南端的泰米尔纳德邦与西海岸的金奈以及位于金奈以东 300 千米的班加罗尔连接起来；另一条走廊位于北方邦，预计将延伸到印度北部位于北方邦和中央邦之间的本德尔肯德，横跨阿里格尔、阿格拉、占西、奇特拉库特、坎普尔和勒克瑙。为了切实贯彻军工走廊计划，印度国防部长在与工业界的互动会议上强调了军工走廊的重要性，希望得到所有利益相关者的积极支持，以使项目顺

利进行并取得成功。北方邦的州政府 7 月发布了相关的国防和航宇制造政策，引入了广泛的激励措施，包括经济援助、免税和投资补贴，以鼓励国防投资者在该地区建立生产设施。在 8 月举行的印度国防工业会议期间，印度几家国有和私营国防企业已经承诺投资约 370 亿印度卢比（约 5.3 亿美元）用于建设北方邦国防军工走廊。波音公司也将通过与印度斯坦航空公司合作建立技术中心来支持军工走廊建设。

（二）制定引民入军实施标准

2018 年 7 月，印度国防采办委员会批准“战略伙伴关系”模式的实施准则。该模式旨在振兴国防工业生态系统，逐步在私营部门建立本土设计、开发和制造复杂武器系统的能力，以确保国防工业界能够及时向武装部队交付军事装备，并满足部队未来需求。这将鼓励印度自力更生，对国防部门与政府“印度制造”倡议的对接具有重大推动作用。“战略伙伴”是印度政府在 2017 年 5 月推出的国防工业私营化改革计划。根据改革政策，政府将创造有利于私营企业发挥积极作用的条件，降低门槛和准入制度，提高中小企业在本土化中的潜能。取得资质的印度私营企业可以与国际武器制造商合作，为印度军方提供战斗机、直升机、水面舰艇、潜艇等高精尖武器。具体措施包括取消消费税/关税中的特惠，在私营企业和国有企业之间建立一个公平竞争的环境。按照修改后的政策，所有的印度企业（国有和私营）将征收同等的消费税和关税。

（三）建立国防创新中心

2018 年 1 月，印度政府宣布将拨款 2 亿印度卢比（300 万美元）在南部城市哥印拜陀建立第一个国防创新中心，预计当地工业部门将提供额外的资金支持。6 月，印度政府又宣布计划在西部马哈拉施特拉邦的纳西克市建立第二个国防创新中心。该创新中心定位于支持中小微企业为印度武装部队提供产品和服务开发。纳西克市被选为创新中心所在地，是因为该市有大量的中小微企业，这些企业有能力集成到附近浦那和孟买工业区的设备制造商的供应链中。印度国防部长称，这些创新中心将为国防创新领域的初创企业和创新者提供一个平台，为包括陆、海、空三军在内的用户提供新的防务产品；创新中心的重点将是支持样机的开发，这些样机在进入最终采购前能被最终用户进行测试，如果最终用户选择了样机，政府将授予订单，即使样机没有被最终用户选择，政府也将承担样机的开发费用。

（四）启动挑战赛打造国防创新生态系统

2018 年 8 月，印度国防部启动“辅助原型与分析启动”倡议和“印度国防创企问题”挑战赛。前者将征集相关军事技术解决方案。后者是“国防优势创新”计划的一部分，该计划由印度总理于 2018 年 4 月提出，旨在打造自主的“国防创新和企业精神”生态系统。印度国防部将借挑战赛资助初创企业和小型企业，促进关键军事技术的商业化。挑战赛重点关注内置传感器的单兵安全系统、离线加密或分级安全工具、基于 4G 的战术局域网、先进海水淡化系统和舱底水油分离系统、智能物流、遥控飞行器、激光武器、无人水面和水下系统等 11 个主题。国防部将为每个选中项目提供 22 万美元。

三、韩国出台国防改革和国防商业创新计划

2018 年，韩国政府正式启动了国防和军队改革计划，随后国防部下属的国防采办项目管理局（DAPA）出台了一系列国防采办改革计划和国防工业发展战略及政策，以贯彻落实国防改革计划，促进国防科技工业发展，达到减少武器装备对进口的依赖、增加国防出口的目的。

（一）正式公布国防改革和国防商业创新计划

2018 年 7 月，韩国国防部正式公布了“国防改革 2.0”计划，旨在应对地区不稳定性、满足先进技术日益增长的需求，并提升韩国武装部队作战效率，加强韩国国家安全。“国防改革 2.0”计划主要涉及：增加国防预算；理顺作战指挥体制；精简和优化兵力规模结构；改革兵役制度，缩短服役年限；加大对“韩国型三轴作战体系”（由“杀伤链”系统、“韩国型导弹防御系统”和“大规模惩戒报复作战”组成，集打击、防御和威慑功能于一体）的投入；推进国防采购改革，扶持国防工业发展等。“国防改革 2.0”计划公布 5 天后，DAPA 推出了采办改革配套措施——“国防商业创新计划”，以提高国防采购的灵活性与透明度，支持国防研发与国防出口，解决无法快速响应战略要求、军事需求不满、国防工业停滞不前等问题。该计划提出，DAPA 将根据安全与经济条件以及技术成熟度，修改采购项目的数量、成本和时间表，提高国防采购的灵活性，实现采办流程的“简化和多样化”，使韩国国防采办项目管理局在满足紧急需求方面具有更大的灵活性，并与商业部门的供应商合作。DAPA 还将投资诸如人工智能和机器人等产业，推动工业 4.0 技术的发展，使目前以成本为导向的竞争环境，转向以技术和质量为导向的竞争环境。

（二）发布国防工业 5 年计划

2018 年 3 月，韩国国防采办项目管理局宣布了新的国防工业 5 年（2018—2022 年）计划。该计划旨在促进国防工业发展实现两个目标，一是增强本土企业研发先进武器系统的能力，二是提高国防企业在全球市场上的竞争力。计划包含 14 项关键任务，包括加强研发能力、扩大工业基地规模、为国防出口企业提供更多支持、创造就业机会、发展中小企业军事技术能力等。9 月，韩国国防采办项目管理局公布了一项国防工业基础发展的新战略，旨在对本土国防工业进行新定位，以支持政府的军事改革。新战略的重点是提升本土国防工业4.0技术能力，包括人工智能、大数据分析、机器人等技术，强调尽快实现四项关键军事技术，即指挥控制系统、无人武器、虚拟现实培训系统、物流/生产支持（如3D打印技术）。实现途径包括加大在研发/创新方面投入，支持军用/民用/机构间的合作，促进军民快速转换，以及本土国防工业与中小企业协调发展，法律保障包括新出台的《国防工业促进法》和《国防科技创新促进法》（暂命名）。此外，预计未来，韩国国防采办将出台更多具备指导性意见的新战略。

此外，澳大利亚出台国家安全科技发展政策。为统筹军民一体共同发展国防科技，国防部于2018年5月发布了关于国家安全领域新的科学与技术发展政策。该政策强调在未来科学研究和新技术发展的过程中必须将维护国家安全列为最优先地位。新政策涉及的主要领域包括网络安全、情报、边境安全和身份识别管理、调查研究及其刑侦技术、预防和对突发事件等应急管理、预测技术发展趋势等。该政策将通过与相关行业、研究机构、大学等保持密切合作，保持澳大利亚在科学和创新等前沿技术上的优势地位。

2018年9月，澳大利亚宣布国防创新中心2018—2019财年投资重点，该中心将在未来10年投资6.4亿美元支持创新技术的开发。由澳大利亚国防战略引领的国防创新计划将确保创新投资与澳大利亚能力优先事项相对应。澳大利亚国防创新中心自2016年12月成立以来取得了重大进展，已经收到510多份提案并签署了59项创新合同，合同总价值超过7790万美元。

（军事科学院军事科学信息研究中心　陈健苹　李洁）

2018 年人工智能领域国防科技管理发展综述

人工智能的发展将引发社会深刻变革，最终将改变战争样式，人工智能在态势感知、信息处理、指挥控制、辅助决策、无人作战系统、人体机能增强等军事领域正发挥着愈发重要的作用。为此，世界各国，特别是军事强国，都将人工智能视为最具潜力的战略前沿技术，出台战略，健全组织体系，进行人工智能科技体系布局，研发智能化武器装备，在激烈的军事竞争中占据优势。

一、制定人工智能发展战略引领人工智能保持优势

人工智能已经成为推动新一轮科技革命和产业变革的驱动力，世界发达国家均将发展人工智能作为提升国家竞争力和维护国家安全的重大战略，在 2018 年纷纷出台相关战略规划和政策。

（一）美国制定人工智能相关战略

美国《2018 年国防战略》指出，为维持并扩大美国的军事优势、促成相关业务改革，美国国防部必须快速大胆地追求人工智能应用，同时坚守

军事伦理和人工智能安全性。为争夺人工智能技术领域优势，2018 年 4 月，美国国防创新委员会主席兼谷歌母公司前主席施密特建议国防部在人工智能领域开展更多活动。5 月，时任国防部长马蒂斯向总统特朗普建议，制定国家层面的人工智能战略。6 月，美国发布《国防部人工智能战略》文件，该文件是《2018 年国防战略》的一个保密附件，目前外界对文件的核心内容几乎没有报道。但综合证词、备忘录等相关信息，可看出美国国防部人工智能战略目标包括：一是建立人工智能人才队伍，保持技术优势。国防部制定人工智能战略的目标包括组建一支人工智能人才队伍以及获取可用于机器学习的数据。此外，国防部也需要保持在数据分析和先进计算等领域的“技术优势”，这两方面是人工智能的基础。二是实现业务改革。国防部希望利用人工智能技术实现业务改革，培训/教育、金融、医疗、合同、采办以及法律活动等是人工智能成熟的应用领域。三是最终实现人工智能杀伤力。国防部“算法战跨职能小组”开展的项目已经将人工智能技术应用于情报分析工作。美国国防部最终目标是实现人工智能的杀伤力，即将人工智能应用于指挥、控制、通信以及生存能力等方面。

（二）其他国家或组织制定人工智能相关战略

（1）俄罗斯。人工智能被俄罗斯视为国家间战略竞争的重要领域。俄罗斯国防政策委员会发布的《人工智能在军事领域的发展现状及应用前景》报告认为，未来中短期内，国家间在人工智能等战略前沿技术领域的竞争将引发军事领域的革命，直接影响到国家的战略走向，并将对武装力量的建设和使用带来革命性的改变。世界主要大国都将卷入竞争，如果在竞争中落后，不但将使国家安全面临威胁，而且难以通过其他领域进行弥补。

（2）欧盟。2018 年 4 月，欧盟委员会发布了政策文件《欧盟人工智能》。该报告提出欧盟将采取三管齐下的方式推动欧洲人工智能的发展：增加财政支持并鼓励公共和私营部门应用人工智能技术；促进教育和培训体系升级，以适应人工智能为就业带来的变化；研究和制定人工智能道德准则，确立适当的道德与法律框架。

（3）德国。2018 年 7 月，德国发布《联邦政府人工智能战略要点》文件，要求政府：加大对人工智能相关重点领域的研发和创新转化的资助；加强同法国人工智能合作建设、实现互联互通；设置专业门类的竞争力中心；加强人工智能基础设施建设等，以将该国对人工智能的研发和应用提升到全球领先水平。11 月，德国联邦政府正式发布了人工智能战略，倡导用人工智能打造德国的国家竞争力，从而将人工智能的重要性提升到了国家的高度。其人工智能战略有以下三大特点：①全面思考人工智能对社会各领域的影响；②定量分析人工智能给制造业带来的经济效益；③重视人工智能在中小企业中的应用。

（4）英国。英国是欧洲推动人工智能发展最积极的国家之一，继 2016 年、2017 年连续发布《机器人技术和人工智能》《人工智能：未来决策的机会和影响》《在英国发展人工智能》报告后，英国政府在 2018 年 4 月又发布了《产业战略：人工智能领域行动》政策文件，涉及推动政府和公司研发、STEM 教育投资、提升数字基础设施、增加人工智能人才和领导全球数字道德交流等方面内容，旨在推动英国成为全球人工智能领导者。

（5）法国。继 2017 年奥朗德政府发布人工智能战略后，马克龙政府于 2018 年 3 月公布了《法国人工智能发展战略》，提出了“以人为本，迎接人工智能时代”的理念。该战略要求各级政府部门制定相应措施，支持人工智能应用落地。战略重点关注人工智能生态系统、开放数据、政策支持和人工智能监管等领域，拟结合医疗、汽车、能源、金融、航天等法国较有优势的行业来研发人工智能技术，并宣布到 2022 年将投入 15 亿欧元用于人工智能发展，为法国人工智能技术研发创造更好的综合环境。

（6）日本。自2015年日本第1版《下一代人工智能/机器人核心技术开发计划》发布以来，日本政府根据技术发展、国内资源和能力情况，不断对计划进行修正，2018年4月，发布了该计划的第5版，进一步明确了下一代人工智能技术的研发布局和重点关注领域，包括前沿理论研究、下一代人工智能框架与核心模块研究、对人工智能进行评价的基础共性技术、下一代人工智能技术的应用，以及加强与美国的研发合作。

二、构建完善的组织管理体系指导人工智能科学发展

2018年5月，美国政府宣布成立人工智能特别委员会，该委员会由政府各部门人工智能领域的高级官员组成，包括商务部标准与技术副部长、国防部研究与工程副部长、DARPA局长、能源部负责科学的副部长、国家科学基金会主任，以及行政与预算办公室和国家安全委员会的代表。该委员会在国家科学与技术委员会内运作，其任务是加强联邦人工智能相关工作的协调，确保美国在这一领域继续保持领先地位，负责评估研发事务优先级，以更好地协调联邦政府在人工智能领域的投资。目前人工智能特别委员会正在致力于更新2016年首次发布的《国家人工智能研发战略计划》。2018年8月，特朗普签署《2019财年国防授权法》，要求成立独立的人工智能国家安全委员会，全面评审和分析人工智能技术与系统，并于未来6个月向国会和政府提交评审结果及建议报告。具体任务包括：考察人工智能在军事应用中的风险以及对国际法的影响；考察人工智能在国家安全和国防中的伦理道德问题；建立公开训练数据的标准，推动公开训练数据的共享。可以看出，近年来，美国政府和国防部相继成立国家科学技术委员会

机器学习和人工智能分委员会、人工智能特别委员会、人工智能国家安全委员会、联合人工智能中心，一起构成了美国发展人工智能的“组合拳”，表明美国联邦政府及国防部对人工智能发展的高度重视，以及对理顺管理体系的迫切需求。

三、成立军方专门管理机构推动人工智能军事化建设

人工智能和机器学习对国防部的影响已渗透到战术行动、后勤保障等各个方面。美国认为，人工智能和机器学习可媲美“第一次抵消战略”的核武器及“第二次抵消战略”的精确制导武器和隐身技术，对重塑国防部不对称能力、赢得“第三次抵消战略”至关重要。为此，美国国防部沿袭过去为确保核武器技术优势设立专门机构的传统，创建针对人工智能和机器学习的内部中心。2018 年 6 月，美国国防部常务副部长发布备忘录，宣布成立一个由国防部首席信息官主管的联合人工智能中心（JAIC）。组建联合人工智能中心的总体目标是加速交付人工智能能力，扩大人工智能在整个国防部范围的影响力，并同步国防部的人工智能活动，以提升联合部队的优势。联合人工智能中心将使军兵种、联合参谋部、作战司令部、国防部长办公厅及国防部其他部门得以快速引入新能力并有效试验新作战概念，支持国防部的作战任务和业务职能。中心计划联合美军和 17 家情报机构共同推进约 600 个人工智能项目，投入超过 17 亿美元。联合人工智能中心的主要职能：一是指导“国家任务计划”（NMI）的执行。该计划以《国防战略》中的关键作战问题或国防部规划为主，旨在解决紧迫的作战或业务改革问题，由 JAIC 牵头开展，各军种协同推进。二是建立国防部范围内应用人工智能的通用基础。包括工具、共享数据、可重复使用技术、流程、专

业知识，旨在促成人工智能能力的快速交付及其在国防部范围的规模化应用。三是加强伙伴关系，突出关键需求，解决紧迫作战问题，通过与政府部门、工业部门、学术界及美国盟友的协作，使人工智能技术适应新情况，解决新问题。四是与国防部长办公厅的下属部门及其他相关机构合作，制定开发和交付人工智能技术的管理框架和标准，加强美国国防部所属各部门在一个通用框架内执行人工智能计划、进行相关研究、试验和应用的能力。

联合人工智能中心作为一个专职负责军队智能化建设的机构，是美军近年来在人工智能建设发展领域的一个重要举措。在国防部联合人工智能中心成立后，各军种也相继成立了负责协调发展人工智能技术和应用的专门机构。2018 年 3 月，美国陆军组建了一个认知计算和机器学习团队，目的是帮助确定可以增强陆军的电子战，情报、监视与侦察（ISR），侦察、监视和目标获取（RSTA），进攻性网络行动（OCO），信号情报（SIGINT），情报处理、加工和分发以及大数据分析等能力。10 月，美国陆军部长签署《陆军指令 2018－18（陆军人工智能任务小组以支持国防部联合人工智能中心）》的指令，要求成立陆军人工智能任务小组。该小组由未来司令部指挥，旨在迅速整合并同步整个陆军体系和国防部国家军事行动的人工智能活动，缩小现有人工智能能力缺口，为国防部联合人工智能中心提供支持。2018 年 4 月，美国空军研究实验室成立了“自主技术能力第三小组”（ACT3），用以推动军用自主技术或机器学习技术的发展。ACT3 正积极推动一些技术走向成熟，这些技术将为空军所有的自主能力（包括运动和静止）提供一种平台，而该研究所催生的 AI 应用也将被引入到作战系统。11 月，空军成立了人工智能跨职能小组，其首要任务包括制定空军人工智能战略，建立一条空军获取人工智能最新技术的快速通道，空军对该小组的要求是探索商业能力、训练优质数据、评估权威数据、获取各种算法以及培养专业的人才队伍。

当前，俄罗斯民间在人工智能领域的进步速度、投入力度和应用程度，远非军方可比。近几年来，俄罗斯科学院与俄罗斯国防部、教育和科学部、工业部和研究中心联合组建人工智能和大数据联盟，致力于将军民领域占据领先地位的科研单位、教育机构和行业组织组织起来，联合研发，资源共享；俄罗斯科学院与俄罗斯国防部、教育和科学部、工业和贸易部共同发起成立人工智能专项基金，目前的主要资助范围是人工智能算法；俄罗斯还加强培训储备人才，构建国家层面的人工智能培训和教育体系；俄罗斯科学院和俄罗斯高级研究基金会还联合组建国家人工智能中心，作为专业科学研究机构，中心的任务是建设人工智能创新型基础设施，开展人工智能和信息技术领域的理论和应用研究，在研项目均为科学技术、工业制造、国防领域的基础性、前沿性和前瞻性研究，主要方向是人工智能与图像识别、人体机能、思维训练、大数据、人机交互等领域的交叉融合；俄罗斯国防部与军内外科研单位、莫斯科国立大学和信息与发展研究中心联合组建人工智能先进软件和技术实验室，根据实验室运作规程，军事和民用部门将在人工智能、机器人、自动化等领域开展合作研究；俄军还不断组织人工智能演练，开展各种复杂作战环境下的兵棋推演，研究人工智能对战术、战役和战略等战争各层面的影响，在演习演练中使用新研发的智能化武器装备，加速其成熟，并迅速交付部队，接受实战检验。

2018 年 5 月，英国国防部长宣布，英国将成立新的人工智能中心——“人工智能实验室”，致力于人工智能、机器学习和国防数据科学的研究，探索保持未来军事优势的重要技术领域。人工智能实验室研究范围覆盖自动驾驶汽车、智能系统、打击假新闻、利用信息来慑止和降级冲突，以及加强计算机网络防御和改善指挥官决策支持等，将加强和推动英国引领人工智能相关技术应用于国防和安全挑战的能力。

四、投入巨资开发第三代人工智能塑造未来技术

2018 年 9 月，DARPA 宣布启动 AI Next 项目，未来 5 年将为此投资高达 20 亿美元。AI Next 项目基于 DARPA 过去 60 年引领开发的两代人工智能技术，旨在解决国防部最棘手的问题，并定义和塑造未来的发展趋势。从 20 世纪 60 年代开始，DARPA 的研究形成了人工智能技术的第一次浪潮。第一代人工智能技术关注基于任务和规则的狭义人工智能系统。从 20 世纪 90 年代开始，DARPA 资助引领了人工智能、机器学习技术的第二次浪潮。DARPA 对自然语言理解、问题解决、导航和感知技术的资助，促成了自动驾驶汽车、个人助理和近乎自然假肢的发明，以及大量重要的、有价值的军事和商业应用。然而，第二代人工智能技术依赖于大量高质量的训练数据，不能适应不断变化的条件，提供有限的性能保证，无法向用户解释其结果。未来第三代人工智能技术可能会极大地改变军事任务规划，科学家可利用机器开展研究，人类可与机器互动。人机各有优点和不足，两者之间更加密切的合作可实现更好的决策能力和产生更具创造性的思维。

AI Next 项目的重点领域包括：①新能力。人工智能技术应用于 DARPA 的其他研发项目，如电子复兴计划，以及有关复杂网络攻击分析、虚假图像侦破、全域作战动态杀伤链构建、人类语言技术、多模态自动目标识别、生物医学进展、假肢控制的项目。②高可靠性人工智能。人工智能技术对各种任务都有巨大价值，DARPA 将专注于科研，并且通过分析性与经验性方法，解决人工智能在这些领域的不足。③对抗性人工智能。当前最强大的人工智能工具是机器学习。机器学习系统很容易被输入的改变欺骗，但这些改变永远不会欺骗人类。用于训练这些系统的数据可能被破坏。而且，

该软件本身容易受到网络攻击。随着更多人工智能系统投入使用，这些问题必须得到妥善解决。④高性能人工智能。高性能及低能耗对于数据中心和战术部署而言至关重要。DARPA 测试了人工智能算法的模拟处理，与现有数字处理器相比，人工智能算法无论是速度还是效率都要比现有的方法强 1000 倍。DARPA 也在研发针对人工智能的硬件。⑤下一代人工智能。DARPA 将主导下一代人工智能算法的研发，这将会把计算机从工具变为人类的工作伙伴。⑥“人工智能探索”计划。该计划是一个综合性计划，旨在通过开展小型项目试验各种新型人工智能系统，以加速 DARPA 的创新能力。

五、利用商业公司合作开发军事人工智能技术

2018 年 2 月底，谷歌公司在内部邮件中披露，谷歌已加入美国国防部“专家工程”项目，正与美军合作开发军事人工智能技术。该消息引起数千名谷歌员工的抗议；5 月中旬，因谷歌公司拒不退出该项目，十余名公司员工愤然辞职。同时，国际机器人武器控制委员会数百名专家发表联名信，要求谷歌退出军方项目并承诺不开发军事技术。“专家工程”是美国国防部为加速人工智能军事化应用而开展的项目，由国防部于 2017 年 4 月签署的“成立算法战跨职能小组”备忘录提出，目的是加速推进国防部整合大数据和机器学习技术，以更快的速度将海量数据转变为可供作战使用的情报，提高情报处理能力，维持美军作战优势。该项目的首要应用领域是情报分析，未来将进一步支持网络战、电磁频谱战以及导弹防御预警等需要快速做出反应的作战行动。谷歌对该项目的参与，将推进美军引进商业人工智能技术创新，相关动向值得持续关注。

商业界正处于人工智能技术创新前沿，美军认为有必要借助商业界灵

活的创新能力，加快推进人工智能的军事化应用，以维持军事竞争优势。在“专家工程”中，谷歌公司向美国国防部提供了机器学习训练平台 TensorFlow 的应用程序编程接口，使美军能利用 TensorFlow 开源技术，进行机器学习训练，分析无人机采集的视频片段并迅速识别感兴趣的目标。

谷歌事件反映了人工智能技术军事化应用存在争议。人工智能快速发展在提升军事能力的同时，也在扰乱、破坏现有军事平衡，“杀人机器人”以及人工智能“军备竞赛”中展示的先进技术，开始引起人们对人工智能可能产生风险的恐惧。但人工智能潜在风险并不会阻止美军将其军事化应用的进程。谷歌爆发员工抗议事件，相比参与美军“专家工程”的众多公司相比，只是个案，且事件发生后，谷歌公司公开表示将继续与美军开展合作；国际机器人武器控制委员会是非政府组织，其发布的联名公开信没有约束力。美国国防部“专家工程”的开展模式值得关注。虽然“算法战跨职能小组”2017 年 4 月才成立，但 2017 年 12 月美军在与中东“伊斯兰国”恐怖分子的行动中，就已开始利用“专家工程”算法分析无人机捕获的视频数据。在半年左右的时间内快速完成先进商业技术的采办与部署，这种军民协同、跨领域合作、灵活采办、快速作战的模式，对于推进颠覆性技术军事应用具有借鉴意义。

综上所述，虽然人工智能技术发展和应用的风险与利益并存，但各国已将发展人工智能技术提升到国家战略高度。为抢占未来战争制高点，维持军事实力世界领先地位，美、俄等国推进人工智能军事化应用的进程只会不断加快。

（军事科学院军事科学信息研究中心　李向阳　陈健苹　李洁）

2018 年美国航天领域国防科技管理发展综述

2018 年，美国从顶层确认了太空的作战域地位，强调以实力维持太空疆域和平，重视把开发空天资源与维护空天安全统一起来，谋求通过合理调配军、民、商太空资源，建设富有弹性和灵活性的太空力量体系架构，维持 21 世纪的太空优势。

一、加强战略统筹，重视从国家战略层面谋划航天军民商一体发展

特朗普政府上台后，强调巩固美国太空领导地位，重视从国家战略层面谋划航天军民商一体发展，通过统筹协调政策规划、合理调配资源，确保每个太空部门都在提升美国利益中扮演适当的角色，重视利用蓬勃发展的商业航天部门来提高国家安全太空能力，实现国家安全目标。

一是建立国家顶层统筹协调机制，对军民商航天活动进行统一规划。2017 年 6 月，美国重建国家航天委员会，主席由副总统彭斯担任，常任成员包括国务卿、国防部长、总统国家安全事务助理、国家航空航天局局长

等军政要员，确保军用和民用需求在决策过程中得到全面合理的考虑。重建国家航天委员会，将军、民、商航天活动统管提升到国家战略层面，通过统筹协调政策规划、合理调配资源，把开发太空资源与维护太空安全统一起来。国家航天委员会成立以来，举行多次重要会议，将政府高官、军方人士以及航空航天企业的高层组织起来，共同研究使美国航天事业重新焕发活力。国家航天委员会在顶层谋划军民商融合发展方面作用突出，在其推动下，美国总统先后签署1/2/3/4号航天政策指令和《国家太空战略》等重要文件，指导军、民、商航天发展，促进军、民、商航天部门的合作，支持美国太空领域的重要利益，巩固美国太空领导地位。

二是发布战略文件规划军民商一体发展。2017年12月发布的《国家安全战略》将太空提升为国家安全的优先领域，强调综合运用各种力量，建设强大高效的太空力量体系，并明确将“促进商业航天”列入太空领域的优先事项。2018年3月发布的《国家太空战略》强调以实力维持太空疆域和平，政府（包括国防部）将通过与私营部门的密切合作，为应对和解决太空领域的任何挑战作好准备，保卫美国的太空利益。《国家太空战略》明确“营造有利的国内环境”，即通过简化监管框架、政策和程序，以更好地利用和支持美国商业航天。《国家太空战略》作为综合性的国家太空战略，其重要作用之一就是协调军、民、商发展，合理调配资源，形成相互促进的发展态势，以支持美国太空领域的重要利益。

三是出台相关政策法规推动商业航天发展。为深化航天军民商一体，美国政府积极推动航天监管改革，以更好地利用和促进商业航天。2018年5月，总统签署2号航天政策指令，要求简化航天发射许可、商业遥感和涉及该行业的其他法规，以带动商业航天公司与政府的合作；2018年6月签署的3号航天政策指令，要求由商务部来承担向商业部门和国外用户提供太空态势感知数据的职责，并寻求利用政府与商业部门技术来跟踪和监测太空碎片，以便军事航天人员集中精力完成保卫太空资产等任务。此外，2018 年 8 月，美国发布《商业地理空间情报战略》，强调加强军、民、商合作，利用商业卫星系统、运营商和数据分析公司的技术优势，增强情报分析能力。为实现商业资源和国家资源的最佳配置，确保美国的战略竞争优势，国家地理空间情报局（NGA）将与情报界、作战司令部、军兵种和联邦政府机构开展合作，充分利用商业地理空间情报来满足未来任务需求。

二、构建弹性太空体系，牵引航天军民商一体深度发展

特朗普政府的太空安全战略，明确将太空视为“作战域”。针对敌人可能在太空首先发动攻击，美国谋求通过合理调配军、民、商太空资源，建设富有弹性和灵活性的太空力量体系，即以下一代军事卫星系统建设为核心，打造一个充分结合了本国专用军事卫星能力、国际盟友的军事卫星能力，以及民用/商业卫星能力的分层式多级体系架构。2018 年 4 月，美国空军航天司令部司令雷蒙德称，美国国家安全太空正处于战略拐点，将集合工业界、政府和军事太空领导人来共同研讨确保美国太空优势的方案。在 2018 年 10 月举行的“施里弗演习”中，美军设计了对手挑战美国民用与军用太空系统及能力的全频谱作战威胁场景，而这次演习的重要目标之一是研究如何利用国际、民用、商业等多种手段构建伙伴关系并遂行一体化太空作战。

当前，美军已形成以军用高精度和高保密系统为骨干、民、商为军用的格局，通过采购民用/商业遥感卫星数据、租用民用/商业通信卫星、发展军民两用卫星、民星搭载军用载荷等多种灵活的“民为军用”模式，补

充军用卫星资源，满足军队在长期信息获取、日常作战训练、战时应急调用等多方面的需求。特朗普政府立足“太空是作战域”，2018 年 3 月公布的《国家太空战略》明确，构建更具弹性的太空体系结构，提高抗毁性、可恢复性、生存能力。针对构建更具弹性的太空体系结构，美军提出能力分解、分布式部署、任务系统多样化、扩增式部署等多种实现方式，其实质是通过将太空能力分散部署在不同国家、不同组织、不同轨道的军事、民用和商业卫星平台上，分散被攻击的目标，降低对手攻击美国太空系统的成功率和效费比。显然，立足体系对抗思路，未来美国还将更充分地利用商用太空能力来提升国家太空安全。2019 财年国防授权法要求，充分利用商业卫星搭载军事有效载荷的能力。

“弹性太空体系”将改变美国传统太空系统大型、复杂、昂贵的发展模式，不仅强调大、中、小各类卫星的综合运用，也重视军、民、商航天系统高度融合。近年来，小卫星技术发展及其性能提升，为构建弹性太空体系提供了技术基础；商业航天系统的数量增多、性能提升，也为构建“弹性太空体系”创造了有利条件。2018 年 2 月，美国空军高层表示，希望通过采购更小型化、更低成本的航天器，实现卫星星座的多样化，同时更好地保护太空资产免遭潜在对手的破坏。上述举措旨在为空军现有的造价昂贵的卫星系统提供备份，最终目标是增加对手干扰美国太空能力的难度。这些小型卫星的寿命无法与大型卫星相比，也不会取代后者的作用，但其可以在大型卫星遭到对手干扰或打击时提供关键的补网和备份功能。另外，面对潜在对手太空能力的快速增长，美国国防部寻求能快速、经济可承受地交付新型太空能力，正在开发快速嵌入、交付和扩展技术创新、成本创新和设计创新的方法，比如利用先进的商业制造能力，建造军用卫星平台和载荷，包括使用商业现货部件进行高速制造。

三、促进商业航天快速发展，为军民商一体发展创造新机遇

随着商业航天能力全面渗透至进入太空、利用太空和控制太空领域，商业航天正在对航天军民商一体发展产生变革性影响。2017 年 12 月发布的美国《国家安全战略》明确将“促进商业航天”列入太空领域的优先事项；2018 年发布的《国家太空战略》明确，改革商业航天监管，进一步释放商业航天发展活力。未来，随着商业航天系统的数量增多、性能提升，提供服务的能力不断增强，将进一步增强国家太空能力，为军民商一体发展创造新机遇。

一是改革商业航天监管，进一步释放商业航天发展活力。为深化航天军民商一体发展，美国政府积极推动航天监管改革，以更好地利用和促进商业航天，为航天新产业发展提供动力。特朗普总统 2018 年 5 月签署的 2 号航天政策指令要求简化航天发射许可、商业遥感和涉及该行业的其他法规。该政策不仅将带动商业航天公司与政府的合作，还将提升美国公司在国际航天市场的竞争力，确保美国始终是全球领先的太空服务和技术供应商。特朗普总统 2018 年 6 月签署的 3 号航天政策指令，要求由商务部来承担向商业部门和国外用户提供太空态势感知数据的职责。该政策将促进商业太空态势感知能力发展，为美国太空企业创造更大的商机。另外，中低轨通信卫星星座的监管审批进度加快，美国 2018 年先后为 SpaceX、SES 公司等超过 12000 颗卫星颁发了审批许可，将进一步释放市场活力，推动中低轨通信卫星星座建设进入快车道。

二是军事需求作为支撑，推动航天产业升级。美军是全球最大的商业遥感数据用户，美国国家侦察局局长贝蒂·赛普称，在满足现有和未来安

全及情报需求方面，商业图像正在发挥越来越重要的作用。多年来，为充分利用商业资源满足军事能力需求，美国军方采取了直接补贴私营公司、出资建系统、采购商业服务等经济手段。在精心培育下，商业遥感卫星产业快速发展。美国国家航天委员会执行秘书斯科特·佩斯称，商业卫星图像市场已经由提供原始图像向提供高附加值产品转变。美国计划 2019 财年正式将商业图像采购权由国家地理空间情报局转交国家侦察局。这将有助于利用新兴商业公司地理空间情报服务。另外，小型有效载荷的快速响应发射能力已成为美国国防部的新兴需求，为了激励工业界提供能满足这种新兴需求的能力，2018 年 4 月 DARPA 宣布举行“发射挑战赛”，以演示验证在极短时间内将有效载荷发送入轨的能力，推进发展可从世界各地频繁发射载荷进入太空的能力。未来一旦具备灵活性和响应性的航天发射能力，将能随时随地执行航天发射，在数天内将有效载荷送入轨道。这将给航天发射产业带来革命性变化。

三是强化公私合作伙伴关系，带动商业航天产业发展。采用政府、私营企业共同投资的方式进行，政府以较小的投资带动企业研发投资，加快技术发展。DARPA 的试验航天飞机 – 1（XS – 1）项目采取公私合作方式。2017 年 5 月，DARPA 宣布授予波音公司价值 1.46 亿美元合同，双方合作推进 XS – 1 项目（“幽灵快车”飞行器）（波音公司也投资支持项目研发），计划 2020 年进行飞行试验。DARPA 还采取与私营公司合作的方式实施“地球同步轨道卫星自主服务”（RSGS）项目。DARPA 负责提供在轨检测与维修技术、专业知识、模块化软硬件工具包以及卫星发射服务；商业公司负责研发“服务卫星”，将工具包集成到“服务卫星”上，形成“机器人服务飞行器”（RSV），并提供地面任务操作中心和操作人员。商业公司拥有和运行 RSV，以按服务收费的方式向被检修军用或商用地球同步轨道卫星的所有者收取费用。DARPA 选择空间系统劳拉公司建造卫星服务航天器，计划 2021 年进行相关技术的在轨演示验证。军方通过与商业公司合作的方式，一方面可以降低项目研发开支，另一方面可以实现军民技术的双向转移，还有助于转移在轨操作试验具有空间攻防技术应用潜力的舆论压力，真正实现高轨卫星维修技术的“军民商一体化”。

四是重视加快商业尖端技术向军事能力转化。为确保技术优势，美国重视加快商业尖端技术向军事能力转化，进一步提升美国航天领域的创新速度。2018 年 12 月，美国空军出资 2870 万美元支持太空探索技术公司（SpaceX）的“星链”（Starlink）项目（建设太空互联网，实现全球快速通信），试验探索空间互联网的军事应用。“星链”项目的首批 2 颗试验星已发射入轨，这是其巨型星座建设的重要进展，将为进一步优化系统设计方案、尽早启动工作星研制提供有利支持。2018 年，美国情报机构高级科学家 David Honey 称，为更好地利用创新性太空能力，正通过投资 CosmiQ Works 实验室，并与 DigitalGlobe、NVIDIA 和 Amazon Web Services 等联合推动 SpaceNet 倡议（2016 年），形成网络化的卫星图像数据库，鼓励开发人工智能自动化方案，从高分辨率卫星图像中探测道路网络或其他地标。另外，美国商业公司正在发展新型视频卫星，能对某一地区进行“凝视”观测，获取动态信息，特别适合观测动态目标、分析瞬间特征。另外，加拿大电信卫星公司（Telesat）的低轨宽带卫星星座计划获得了 DARPA 的“黑杰克”项目支持，将为美国多功能、分散式的军事航天能力建设提供搭载平台。在“国防创新小组”的资金支持下，卡佩拉空间公司（Capella Space）正在研制并即将发射新型商业合成孔径雷达小卫星星座，目的是利用卫星成像对热点地区军事活动进行持续监视。

四、拓展微小卫星军事应用，促进军民商深度一体发展

当前，微小卫星产业处在蓬勃发展中，这是美国军方、政府与工业界共享资源、相互促进的结果。在起步与发展阶段，微小卫星的技术成熟度低、投资风险大，主要依靠军方与政府的扶持培育；随着商业价值逐渐显现，微小卫星开始吸引大量商业公司涌入，形成规模化与业务化发展的产业基础，为美军探索航天装备体系变革、卫星应用服务创新等提供了新的途径与思路。

面对国家安全对太空系统的需求不断增长，美军在发展太空系统时强调成本、时间、性能和风险的权衡。小卫星具备成本低廉、发射灵活、高效费比等特点，且通过星座组网和优化轨道设计，能力足以与大卫星相媲美，是提高军事航天体系生存能力和抗毁能力的重要手段。2018 年 5 月，DARPA 发布“黑杰克”项目招标书，寻求利用现代商业卫星技术，研发与大型卫星能力相当的分布式低轨军用卫星星座，通过变革性的卫星设计、操作和架构方式，提升军用太空系统任务能力，降低卫星成本，增强太空体系结构弹性。“黑杰克”项目旨在发展由轻小型、低成本、低功耗卫星构成的分布式低轨星座，每颗卫星搭载一个或多个光学、射频载荷，具备与大型高轨卫星相当的能力，且总成本低于单颗复杂的大型军用卫星，可提供持续全球覆盖，执行导弹预警、战术通信、定位导航授时、战术成像侦察、电子侦察等任务。未来美国太空力量体系可能包括在低地球轨道和地球同步轨道上的小型和大型卫星的组合部署。另外，2018 年 12 月，美国发射“军事作战空间使能效果”（SeeMe）卫星，这是 DARPA 开发的低轨小型低成本卫星，将为战场作战人员提供快速战术支持能力，克服地面部队

不能随访大型卫星的弊端。DARPA 将微小卫星对地观测技术作为发展重点，力求突破可用于微小卫星的光电/红外遥感器、展开式体现和星间通信技术。

微小卫星是探索天基反卫技术的重要手段。当前，美国正在积极研发进攻性太空对抗技术，特别是以在轨操作为代表的效果可控的太空攻防技术，利用微小卫星开展针对非合作目标的侦察监视、动能撞击、捕获、轨道位置推移、微波干扰、化学物质喷洒、激光致盲或损坏等任务。随着相关技术不断成熟，未来美国可能通过快速发射入轨的微小卫星对目标卫星实施干扰、遮挡、撞出轨道甚至是直接撞毁等行动。随着微小卫星性能不断提升和军事应用范围拓展，微小卫星将成为军民商一体发展的重点之一。

（军事科学院军事科学信息研究中心　侯勤）

ZHONG YAO

ZHUANTI FENXI

重要专题分析

美国国防部持续推进小企业创新计划和技术转移计划

美国小企业创新研究（SBIR）计划和小企业技术转移（STTR）计划，是美国扶持本国高技术小企业创新，以及推动实验室、大学等创新技术与小企业产品创新能力合作实现创新成果产业化的两项国家计划。由于两个计划的政策及实施模式类似，通常作为“姊妹”计划整体来落实。30多年来，国防部SBIR/STTR计划走出了一条军民互惠互利的成功道路，积累了许多成功经验，先后被德国、加拿大、俄罗斯等10个国家和地区所效仿，推动了各自的科技创新，并取得了不同程度的成功。

一、基本情况

美国国防部作为军方参与SBIR/STTR计划，每年拿出10亿美元以上的研发经费资助小企业，以获取国防部所需的新技术、新装备和新服务，并带动民用领域的技术创新与经济发展，覆盖了“民参军”和“军转民”两方面的协同创新。

（一）从历史沿革看，源自对科技型小企业创新能力的看重与支持

20世纪70年代，美国小企业科技创新势头迅猛增长，在创新的效益和效率方面凸显优势，但创新的成本和风险却超过了其自身的承受能力，导致小企业技术成果难以转化为现实生产力和战斗力。为此，1977年，美国国家科学基金会发起SBIR计划。1982年，美国通过《小企业创新发展法》，规定年研究和开发经费超过10亿美元的联邦政府部门，每年必须拿出不少于0.2%的研究和开发经费支持小企业技术创新活动，1988年、1992年、2017年，这一比例分别提升至1.25%、2.5%和3.2%。目前美国国防部、商务部、能源部、国土安全部、国家航空航天局等11个联邦政府部门参加该计划。SBIR计划的目的：一是激励高技术小企业创新；二是利用小企业蕴藏的技术力量，满足政府对新技术的军事需求或商业需求；三是政府从小企业创新商业化过程中获取税收；四是扶持弱势群体。20世纪90年代初，美国高新技术发展迅猛，国家实验室、大学积累了大批的技术成果。1992年，国会修订《小企业创新发展法》，要求年研究和开发经费超过10亿美元计划的联邦政府部门，每年再拿出不少于0.15%的研究和开发经费资助产、学、研合作（即STTR计划），目前国防部这一比例提升到不少于0.45%。STTR计划的目的：一是激励高技术小企业创新；二是扶持小企业与联邦实验室合作，将联邦实验室技术向国防采办和市场转移；三是鼓励民营小企业将联邦实验室创新技术商业化。

（二）从经费投入看，国防部每年投资占比达到整体计划的一半以上

美国SBIR/STTR计划，在组织管理和经费保障方面都很健全，小企业利益能够得到切实保障。一是在组织管理上，美国会下设小企业局专门负责SBIR/STTR计划，并协助出台了《小企业创新发展法》等法律。国防部长办公厅设专门机构，负责牵头落实国防部SBIR/STTR计划，并制定相关政策和规划，统筹管理全军小企业事务；相关部门（如军种部、国防高级研究计划局、导弹防御局等）均设有专门负责小企业计划的办公室。为加强小企业与工业企业的联系，美国航空航天工业协会、电子工业协会和国家安全工业协会等组成小企业顾问组，以更好地协调主承包商与小企业之间的关系。二是经费投入方面，国家立法要求研发经费超过10亿美元的政府部门资助小企业创新。美国国防部陆军、海军、空军、导弹防御局、国防威胁减少局、国防高级研究计划局等13个部门参与SBIR计划，每年投入总经费额度超过10亿美元；陆军、海军、空军、导弹防御局、国防部长办公室、国防高级研究计划局6个部门参与STTR计划，每年投入总经费1.2亿~1.4亿美元。国家SBIR/STTR计划经费的一半以上来自国防部。由于国防部从SBIR/STTR计划中获益颇丰，投入的经费呈现逐年增加的趋势。2005年以来，国防部每年SBIR计划招标数量500~1200个，每年收到小企业提案约8000~14000个；每年授出合同约3000个，其中25%的小企业首次参与计划；33%的合同面向不足10人的公司，20%的合同授予少数族裔或女性所有企业。国防部STTR计划每年资助小企业200~400个。

（三）从组织过程看，国防部按照技术成熟程度分三阶段进行管理

美国政府将员工不足500人的企业界定为小企业。国防部通过互联网向美国境内的所有小企业征集SBIR/STTR计划项目。要求小企业承担至少2/3的第Ⅰ阶段工作，以及至少1/2的第Ⅱ阶段工作；STTR计划要求项目必须由小企业和非盈利性研究机构共同申请，二者之间需有正式的知识产权分配协议，负责人可以来自企业或研究机构，亦可设立多个负责人。在项目管理方面：一是每年定期发布招标公告。国防部各个部门分别在5月、8月和12月通过各自的网站向社会公布招标书，说明要资助的技术领域及资助条件，以及目前国防部急需解决的技术问题；各类小企业利用一个月的时间准备申请书，分别在1月、6月、9月招标截止时间之前向国防部相关部门递交申请书。国防部相关部门设有SBIR/STTR计划办公室，按照项目科技价值、国防相关性、创新性、项目负责人水平、研究设备条件、预期效益、基础和可行性等评审标准，对所有项目申请书进行评审，将选中的项目公布在国防部SBIR/STTR计划网站上。二是分三个阶段向中标企业注资。小企业申请中标后，国防部在规定的时间内启动注资程序：第Ⅰ阶段资助概念验证/可行性研究，确定小企业所提方案在科技领域、商业及国防领域的应用价值，为期不超过6个月，最多可延长至12个月，注资金额不超过15万美元，该阶段将对所提交的研究设想进行实验或理论方面的验证，以确定其新思维或概念在科学、技术、国防、商业方面的价值；第Ⅱ阶段资助样机开发、产品定型，通常为期2年，资助金额不超过100万美元，约40%～50%的小企业能够从第Ⅰ阶段进入第Ⅱ阶段，该阶段将对第Ⅰ阶段研究的成果价值进行评估，完成样机制作；第Ⅲ阶段为产品开发及生产阶段，该阶段国防部SBIR/STTR计划不再注资，而是由国防部采办部门与小企业签订进一步研发或采购合同，大型军火商也会主动投资有价值的小企业项目，约80%进入第Ⅱ阶段的小企业能够进入第Ⅲ阶段。通常情况下，国防部在第Ⅰ阶段和第Ⅱ阶段发现有前途的项目，就与小企业签订了进一步研发合同，或一些大企业主动提出投资小企业的产品开发和商品化生产。

（四）从权益分配看，合作各方的知识产权受到国家相关法律保护

根据美国《拜杜法》和《史蒂文森法》，以及《国防部知识产权指南》，SBIR/STTR计划规定所有研究成果的知识产权归小企业所有。在软件和技术数据的技术资料权方面，国防部可以无偿使用研究成果的技术数据，但在项目结束4年内，未经小企业同意，不能向国防部以外公开这些数据。在著作权方面，在经过国防部项目官员书面同意的情况下，小企业可以为研究成果申请著作权并发表。在专利权方面，国防部可以无偿使用授权专利或尚未申请专利的研究成果，并有干预权，以及有权要求有独立专利许可的小企业必须在美国制造或销售其专利产品，国防部保证在2年内不能公开任何有关发明的信息，以便于小企业对未申请专项的成果有足够的时间申请专利保护。STTR/STTR 计划由于涉及小企业、科研院所、国家实验室等科研机构的协同创新，其创新成果的知识产权要求在合作之前双方达成协议。

二、做法经验

美国国会、政府和国防部都高度重视 SBIR/STTR 计划，不断健全法律法规和体制机制，营造良好的投资和政策环境，通过实施国防部 SBIR/STTR 计划，为小企业创新及技术应用搭建一个有效平台。

（一）国防部投入小资金承担大风险，在项目管理上有一整套有效方法

国防部 SBIR/STTR 计划奖励成功，宽容失败。一是资金有法律保障。国会通过国家立法，强制要求国防部等部门每年必须按规定比例资助 SBIR/STTR 计划，并按期注入资金，为小企业创新研究营造了良好的资金环境。考虑物价上涨和通货膨胀因素，SBIR/STTR 计划项目的资助比例和金额也适当地动态调整，确保对小企业创新支持有力。二是第Ⅱ阶段加强措施。国防部各部门在第Ⅱ阶段有选择地资助那些应用前景凸显、有可能需要更多的资金或研制周期更长的项目。如果小企业能够获得外来（非本单位）投资（通常不少于 50 万美元），国防部也将额外追加同等额度的资金，并允许项目延长1 年，即项目可延长到3 年完成。三是财务管理问责。小企业对资金流十分敏感。这意味着每年获得 SBIR/STTR 计划项目的上千家小企业严重依赖SBIR/STTR计划执行融资的效力和资金支付及时性。鉴于联邦预算流程通常拖延，SBIR/STTR计划采取了财务问责制度，确保资金依照法定条款拨付，及时发放且支付方式便捷。四是引入风险投资。1995年10月，推出“快速审批”计划，提出如果小企业在申请第Ⅱ阶段项目资助前，能筹集到第Ⅲ阶段所需的研究成果商品化风险基金，国防部将优先考虑该项目进入第Ⅱ阶段，并加快审批进度。项目每获得1美元的风险基金，国防部将给予4美元配额注资，最高100万美元。“快速审批”计划推出的第一年，国防部为此计划投入资金达到4700万美元。

（二）国防部收购小企业的创新成果，同时帮扶小企业商业化成果转化

SBIR/STTR计划第Ⅲ阶段创新成果已进入成长期和成熟期，开始物化成产品和服务，在此阶段由军种采办部门接手并纳入采办程序持续投入，这一阶段也是SBIR/STTR计划成功的关键阶段。通常情况下，第Ⅲ阶段市场风险逐步降低，各种风险投资会主动伺机介入，企业获得外部融资的机会也大大增加。国防部在第Ⅰ、Ⅱ阶段发现有前途的项目，就开始考察并与小企业签订进一步研发合同，一些军火商也会主动投资小企业的产品开发和商品化生产。国防部在第Ⅲ阶段为小企业科技成果进行宣传、推广应用，吸引国防部外部资金投入到最具潜力的成功项目上，促使这些研究成果尽快转化成民用商品和武器装备。通常情况下，国防部采办和军火承包商是第Ⅲ阶段的主要投资者，原因是国防部各部门提出的招标项目都是有需求背景的。如果第Ⅰ、Ⅱ阶段获得资助的小企业进展顺利，在第Ⅲ阶段，创新成果如果是武器系统，国防部则直接采购；如果是技术、专利或软件，可解决大型武器系统面临的技术问题，则大军火商或主承包商会主动出资购买小企业创新成果（如产品、技术或专利）。

（三）内外评估与第三方的评估结合，已经形成常态化科学化评估机制

为了解 SBIR/STTR 计划的执行情况，美国建立了内外评估与第三方评估结合的常态化评估监督机制：一是国防部内部自评估。国防部 SBIR/STTR 计划的参与部门是项目执行评估的责任主体，负责对项目执行情况全过程调查与评估，主要考察计划目标的实现情况。采用分期制绩效评估，即前一阶段项目完成后，若申请下一阶段延续性资金支持，需接受绩效评估。为了更好地鼓励技术创新商业转化的导向，淘汰那些转化率不高的项目或企业，美国授权法案要求国防部各参与部门自行制定项目商业化率基准。二是国会年度评估制度。国会要求国防部在每个财年结束后半年内，向小企业局上报年度报告，内容包括：年度预算执行情况、指南发布、项目申请、批准项目数量等 20 多项必需信息。年度报告还要求各部门提供计划执行情况评价的绩效指标和标准，以及计划为美国经济社会发展所带来的效益。三是第三方评估制度。美国国会授权国家科学院（NRC）作为第三方，对 SBIR/STTR 计划进行独立评估。2011 年授权法案提出美国科学院对 SBIR/STTR 的执行情况的评估工作常态化，从 2012 年起长期跟踪、研究与评估 SBIR/STTR 计划的执行情况，每 4 年应向国会提供 1 份全面评估报告。国家科学院先后于 2014 年和 2016 年对国防部的 SBIR 计划、STTR 计划进行了全面的评估。美国政府问责局（GAO）也监督 SBIR/STTR 计划的实施情况。此外，还有一些著名的智库研究机构，如兰德公司（RAND）、国防分析研究所（IDA）也对 SBIR/STTR 计划的执行情况进行评估，发现存在的问题并向国防部提出改进的建议。

（四）计划实施以来取得了巨大成功，军事、经济和社会效益非常显著

美国国防部 SBIR 计划实施 30 多年来，国防部发布 SBIR 计划招标项目 3 万多个，征集了超过 35 万个创新方案；发布 STTR 计划招标项目约 2000

个，征集了超过2.5万个创新方案。一方面获得了大量新军事技术、新装备和后勤保障服务，一些科技成果还转化应用到民用市场，获得了巨额经济效益；另一方面取得丰厚的科研成果，获得了一批专利和引领前沿的科学论文和试验数据，增强了美国全球科技竞争力。SBIR/STTR 计划促进小企业科技创新能力的同时，公司的盈利也取得重大突破，有些企业不断壮大成为大型军火商的子供应商，成为支撑国防建设的主力。一是国防部以相对较低的经费投入，获得较高的军事效益。国防部 SBIR 计划半数以上项目成功地转化应用到武器装备。近年来，美国国防部与小企业签署的第Ⅲ阶段合同价值年均超过4.5亿美元。例如，美国海军为水下无线电通信项目投入47.5万美元，其技术成果改善了海军蛙人作业安全，减少了维修与维护费用，国家从中每年获得税收超过100万美元。二是一些小企业市场竞争实力显著增强，发展成为军火供应商。微软、英特尔等知名企业在成长过程中都曾受过 SBIR 计划的资助，一些小企业通过国防部资助而获得快速成长。如3E国际技术公司主要从事无线网络安全、故障测试、预警与维护，1996年创立时，人员不足20人，截至2009年也不超过100人，有38个项目在第Ⅰ阶段获资助，10个项目在第Ⅱ阶段获资助，现已成为美国乃至世界无线电通信的领头羊。国防部 SBIR 计划第Ⅱ阶段获资助的项目87.6%在4年内都实现了商业化，几乎所有第Ⅱ阶段的项目最终都获得了后续的资助。三是大型军工企业积极采购小企业创新成果，获得高额回报。国防部 SBIR/STTR 计划不仅使一大批小企业受益，提升了科技创新能力；也使一些知名的世界顶级大型军工企业受益，获得高额利润。雷声公司、波音公司、洛克希德·马丁公司等知名大型军火承包商都非常关注国防部的 SBIR 计划，并大量收购计划的创新成果，不但减少了技术开发风险，还缩短了装备研制周期。此外，一些没有转化应用和商业化的 SBIR 计划成果也成功地吸引了大量的融资，大约25%的项目从政府其他部门获得了追加资助，13.2%项目从政府以外的大型私营企业获得资助，还有3.8%项目被风险投资公司看好投资，在一定程度上产生了良好的经济效益。四是在前沿技术领域产生大批专利和论文，科技效益显著。国防部SBIR/STTR计划实施30多年来，产生了大量的科学、技术、知识价值，一大批小企业提高了全球科技领域的知名度和竞争力。2003年美国国防部公布的《国防工业基础转型路线图》附录A中列出383家“转型”企业，257家是小企业，其中110家（占全部小企业的43%）获得了一个以上的SBIR计划资助。通过对国防部SBIR计划进入国防部市场的公司进行调查，发现其中半数是刚起步的公司，而且这些公司从计划中获得了数量可观的专利，如赛博网系统公司获得30多项专利，国防技术研究公司获得50多项专利，这些专利为这些小企业创造了巨大的潜在商业利益，也提升了其全球科技竞争能力。

（军事科学院国防科技创新研究院　马春燕）

（军事科学院军事科学信息研究中心　李洁）

美国国防部国防创新小组最新建设进展分析

为充分利用军地科技资源，美国国防部创新科技发展组织形式，设立了国防创新小组（原国防创新试验小组，DIUx）。国防创新小组作为美国国防部分布于各技术枢纽的“前哨”，与地方创新企业之间建立精准对接，尝试新型业务模式加快先进民用技术引入，以巩固美国国防科技优势，支撑第三次抵消战略。从实践内容及效果看，国防创新小组无疑是美国国防领域一次革命性的改革尝试与创新。

一、成立背景

2014 年以来，国防部和军种纷纷将推动科技创新作为未来工作重心，但受制于有限的国防预算经费、军方官僚体制和繁琐规章制度，美国国防科技发展的内生动力有所削弱。美国国防部开始将目光转向创新活力更强的商业领域。国防创新小组正是诞生于这样的背景之下，以期采用全新的模式另辟蹊径，推动国防科技创新。

（一）企业参与军事研发意愿不强

长期以来，美国国防部的技术创新一直是美国国家安全能力强有力的支撑，引领着国防科技创新潮流。进入新世纪以来，全球创新环境发生巨大变化，呈现技术传播快、壁垒低、信息获取渠道更为广泛等特点，技术创新方式更加灵活，军民两用的趋势明显，国防部诸多领域科技研发效率及创新能力逐步滞后于民用领域，中小企业在国防科技创新中的优势凸显。国防部越来越重视中小企业在推动国防科技创新中的重要支撑作用，但是受军方各种规章的约束以及国防科技研发任务投资回报周期较长的影响，私营企业参与军工科研生产的积极性不高。

在这种情境下，将外部创新高效引入到国防部现有的创新系统中显得尤为迫切。为充分利用民用技术推动国防科技创新，必须对相关军事管理制度进行调整，采用更加市场化的运行模式，吸引更多的企业参与到国防科研活动中来。

（二）国防支出预算受限

近年来，因财政紧缩，美国政府严格控制国防支出规模，在一定程度上影响到国防科技发展。军方虽希望尽可能压缩新装备响应作战需求的周期，但传统由政府主导、官僚化的管理模式难以迅速有效地满足军事作战需求，急需调整策略，引入新的管理模式，为国防科技创新发展提供新的支持。

在此背景下，美国国防部调整投资策略，尝试引入风险投资管理模式。风险投资模式有利于形成投资者和投资对象双赢的局面：一方面国防部可以从商业领域技术创新中受益，快速获取尖端技术；另一方面中小创新型企业可以快速获得风险资金投入，在市场环境中参与国防科技创新，降低企业的市场风险和政策风险。国防创新小组的建立，就是为了探索建立市场化的风险投资机制，来推动国防科技与武器装备的创新发展。

（三）内部创新竞争加剧

在“第三次抵消战略”引领下，创新的口号响彻美国国防部，战略能力办公室、军种实验室、项目管理部门都在不断强化自身的创新能力，创新竞争的局势空前加剧。各个机构纷纷出台政策文件大力引导创新。2014年底，时任美国国防部长的哈格尔签发了《国防创新倡议》备忘录，对国防科技创新发展进行总体规划。同期，国防部采办、技术与后勤副部长肯德尔签发了《长期研究与工程规划指导与任务》备忘录，对国防科技发展进行总体部署，指定相应机构负责督促和协调空间、深海、制空、导弹防御等领域的技术发展工作。2015 年 1 月，美国国防部颁布了新版 5000. 02 指示《国防采办系统的运行》，4 月，肯德尔签发了《更佳购买力 3. 0 实施指令》，这两份文件从国防采办角度提出了加速创新技术应用转化、重视小企业作用等促进技术创新的具体举措。各军种也纷纷响应，2015 年 2 月，美国海军发布新版顶层指导性文件《海军科技战略》，同年 4 月，海军公布了《美国海军创新愿景》，空军也于 5 月发布了《未来 20 年战略总规划》，这些文件都把创新作为核心内容。

在上述背景下，2015 年 8 月，国防部在硅谷正式成立国防创新试验小组，旨在加强国防部与硅谷企业的合作，寻求技术创新的突破点和潜在机遇，使国防部从商业领域技术的快速创新中受益，加速国防科技快速发展。虽然地处硅谷，但该办公室属于墨菲特联邦机场的一部分，设立在国民警卫队大楼内，内部设有敏感信息隔离设施。2016 年 6 月，美国国防部在波士顿新区成立国防创新试验小组东部办公区，同年 9 月，又在得克萨斯州奥斯汀建立新的办公室，成为继硅谷、波士顿之后国防创新小组的第三个工作机构，进一步扩大了其影响范围。此外，国防创新小组在华盛顿特区也设有办公室。2018 年 8 月，时任国防部常务副部长帕特里克·沙纳汉签署备忘录，国防创新试验小组正式更名为国防创新小组，标志着该机构成为美国国防部常设机构。

二、发展历程

国防创新小组的发展是在试错中摸索的过程，前后经历了1.0和2.0两种工作模式转换。

（一）1.0模式迅速夭折

2015年8月，美国时任国防部长卡特在硅谷宣布建立国防创新小组首个办公室——国防创新小组1.0。成立之时，该小组大约有40名工作人员，包括1名主任、1名副主任、4名资深专家、1名律师以及来自军种的工作人员，并在国防部机构如国防实验室、采办机构、用户部门等设有联络员。

国防创新小组1.0很快陷入困顿。究其原因，采用传统模式运行在很大程度上阻碍了机构的运转。首先，在决策链方面，时任国防创新小组主任乔治·杜查克向负责采办、技术与后勤的国防部副部长汇报工作，但机构实际运作由其下属的负责研究与工程的助理国防部长主管，经层层审批后由国防部长最终决策。国防创新小组与国防部长之间交流链条较长，无法摆脱传统的管理体制束缚，不利于其研发管理工作的自主性和灵活性。其次，从业务策略看，国防创新小组的职能定位较为复杂多元，除作为连接国防部与私营企业之间的“桥梁”外，还肩负实验室的职能来审查新思想效力、论证技术原理以及提供试验设备进行产品测试或验证，并且长、短期技术目标不明确，成果产出界定模糊，导致国会和创新公司对其可行性产生怀疑。最后，从商业模式看，依照国防部惯例，初创期的项目很难获得财务支持。国防创新小组1.0成立后并未获得任何资金支持或得到合同签订授权，无法开展具体的工作。

成立后不久，国防创新小组发现两项极具军事应用前景的项目，但在实践中发现需经过反复的会议程序才能最终决策是否签订合同。传统的研发合同签订后还要再经历重重测试、审批，而样机开发也需要几年时间。最终，初步选定的两个项目没有任何进展，无疾而终。

（二）2.0模式初见成效

美国国防部吸取教训后，调整形成2.0工作模式，继硅谷后陆续在波士顿、奥斯汀及华盛顿特区建立了新的“国防创新小组”办公室，硅谷（加利福尼亚州山景城）办公室是国防创新小组的总部。在选址上，4处办公地点均位列美国十大创新科技中心之中，分布于美国的东、西、中部，其影响范围辐射美国大部分地区。目前，国防创新小组建立了由29名全职人员（包括文职人员和军职人员）组成的团队，成员来自：熟知国防部现存问题的军种部作战人员；专注于商业创新的技术专家；在商业运营与财务管理方面拥有丰富经验的世界500强企业高管。这种多样化组合使国防创新小组可充分了解国防部存在的问题及商业领域创新技术，确保以最有效的方式引入最优解决方案。此外，国防创新小组还组建了由55人组成的后备团队，并依赖多种类型的政策授权发掘和引进人才，如政府间人事法案、总统创新伙伴项目、总统管理伙伴项目、特殊政府雇员项目等。

（1）样机合同。自2016年以来，国防创新小组共启动61个样机项目。2017年，国防创新小组授出了价值1.04亿美元的48个样机合同，平均每周授出1个。国防创新小组资金十分有限，其2017财年“研究、开发、试验与鉴定”预算（用于引入和试验创新成果）和“活动与维持”预算（用于机构运营）分别只有1000万美元和1570万美元。因此，国防创新小组积极寻求国防部内合作，上述样机合同经费中，约 8400 万美元由国防部的其他 30 多个部门资助。

（2）生产合同。2017 年，国防创新小组通过“其他交易”（OT）授权（即采用简化的特殊采办程序），成功将两个样机项目快速转化为生产合同。这是美国国防部首次使用这种授权推进后续生产。其中之一是国防创新小组与 Tanium 网络安全公司在 2017 年 9 月签署的后续生产合同，旨在为美国国防部提供终端安全服务，其样机合同签署于 2016 年。

（3）其他。国防创新小组还对空军联合空中作战中心加油机计划编制工具进行了升级和部署，对交付作战人员的商业领域创新进行了新的测试和部署，并为国防部云迁移、机器学习和敏捷软件开发提供了思路。

三、组织架构及相关机构

国防创新小组直属于研究与工程副国防部长，采取扁平化、多人共同管理的领导体制，主要由领导层、实施层和指导机构组成。

（一）多人领导团队协同管理

国防创新小组领导层由合伙人组成的领导团队进行管理，包括 1 名牵头合伙管理人和几名联合管理合伙人。牵头合伙管理人由研究与工程副国防部长任命，经研究与工程副国防部长同意，牵头合伙管理人任命其他联合管理合伙人。牵头合伙管理人和联合管理合伙人一起做出关键决策，职责包括：一是阐明国防部感兴趣的前沿技术领域及所需的领先技术人才；二是行使监督权力，监督所有国防创新小组分支机构的运行，就机构人员聘用、采办及研发做出决策；三是定期就项目进度及计划与负责研究与工程的副国防部长进行电话会议；四是向联合需求监督委员会通报国防创新小组所有的活动，配合军种迅速采办系统；五是与负责公共事务的助理国防部长办公室协调管理国防创新小组的宣传工作；六是根据研究与工程副国防部长的指示，出席国防部相关论坛；七是出席国防创新委员会所有的重大会议；八是每年对国防创新小组的绩效进行评估，包括技术质量、快速响应能力、价值以及时效性；九是执行研究与工程副国防部长分配的其他任务。

（二）分组运行推进创新引入

在实施层，目前国防创新小组主要设有3个小组作为运行机构：一是商业机遇小组，主要职责是识别新兴商业技术，并挖掘出这些新兴商业技术在战场上的应用潜能；二是技术成形小组，主要根据军种和国防部有关部局提出的需求，对经过开发和调整可以适用于军事应用的技术，进行确认和排序；三是沟通联络小组，主要作为军队和企业家之间的桥梁，促进军队和创新者之间的相互了解和沟通。

（三）设置高层机构统筹指导

2018 年 11 月 23 日，国防部首席管理官办公室签发《国防部 5105. 85 指令》，对国防创新小组的行政管理权限进行更新，将国防创新小组置于更坚实的运营基础上，明确表明其使命是探索有前途的商业技术，并“为初创企业和非传统承包商优化国防工业采办路径”，同时设立技术审查小组，即一个由研究与工程副国防部长领导并任命常任及临时成员（均由国防部常务副部长提名）的管理委员会，成员为政府雇员或军职人员。全职成员将会出席技术审查小组的所有会议，长期兼职成员根据指示只参加与其职责相关的会议。技术审查小组的主要职能是根据国防部指令 5105. 18《国防部政府间和机构间管理计划》评估由国防创新小组提出的项目：一是召开会议，对国防创新小组项目进行评估，并为国防创新小组领导层提供指导；

二是确保国防创新小组全力配合国防部各部局的活动，尤其是军种部门和国防部业务局。

（四）全军内部加强紧密协作

根据美国国防部指令 5105.85《国防创新小组》，国防创新小组与军种部和国防部各部门建立了密切联系和协作关系。

一是国防部各部门。国防部各部门主要按照国防部指令 4000.19《支持协议》的要求为国防创新小组提供支撑和协作。

二是军种部。军种部主要积极配合国防创新小组军事人员的调配，其中包括国防创新小组联合管理人的 0～7 级（相当于准将）军种助理以及国防创新小组各分支机构的 0～6 级（相当于上校）助理。

三是采办与保障副国防部长以及各军种采办主管（在各军种部长的管辖、指导和控制下）：①将合同和协议方面的专业人员分配给国防创新小组，利用所有可用的机构和资源支持国防创新小组进行快速非传统的采办任务；②采用岗位轮换制，安排一名合同管理人员在国防创新小组就地办公。

四是国防部主计长、国防部成本评估与计划鉴定局局长，作为国防创新小组的顾问，为国防创新小组提供必要的资金支持、预算以及规划管理。

五是国防部法律总顾问。法律总顾问向国防创新小组委派一名法律顾问，为国防创新小组提供法律咨询，尤其侧重道德、财政以及采办事宜。该法律顾问是国防法律服务体系的一部分，负责向国防部负责采办和后勤的副总法律顾问汇报，并且与法律总顾问下属的创新法律顾问办公室密切合作。

六是国防部首席信息官。国防部首席信息官向国防创新小组调配人员完成相关任务，以确保信息技术和网络安全保障能力。

四、职责及运行

（一）主要职责

国防创新小组是美国国防部通过创新提升国家安全能力的重要机构，是国防部从高新技术公司和企业获取创新前沿技术的“球探办公室”。国防创新小组更加注重外部创新，主要致力于将外部创新引入到国防部现有的创新系统中，建立一个能与最尖端科技企业与人才对接的机构。主要职责涉及三个方面：一是加强并构建国防部与企业之间的联系，帮助国防部获取前沿的商业技术和人才，如通过国防创新小组，私营公司可选派技术人员到国防部工作1~2年；二是简化企业参与国防科技发展的途径，实现快速将商业技术转移到国防部，确保作战人员的战场优势；三是利用合同、竞赛等手段解决国防部面临的问题，同时维持企业家和投资者应对美军技术挑战的兴趣。

（二）工作流程

国防创新小组推出“商业领域方案征集”（CSO）工作流程，以快速跟踪获取商业领域前沿技术。国防创新小组首先在其官方网站上发布军事领域需求，涵盖各种不同的技术挑战，如3D打印微型无人机或解决网络漏洞等，然后开展方案评估审查等工作。

1. 方案概要评估

提案方按要求提交一份不超过5页、简略的书面解决方案概要，主要包括标题页、执行概要、技术概念、公司的生存能力。国防创新小组从三个方面对材料进行初步评估：一是技术价值，即政府应用的可行性；二是概念/技术/方案与政府应用领域的相关性，以及提议的创新性、独特性和可利用性；三是公司实力、生存能力，以及提出方案的商业可行性。

初评通过的方案，提案方采用当面说明、演示等方式向国防创新小组展示更多的方案内容及技术、商业上的可行性。国防创新小组则要评估方案概要可能增强国防部任务能力的情况、大致进度表、是否具备开发原型机的条件、粗略估算价格的可接受程度，以及企业是否是非传统承包商或小企业，是否能够承担 1/3 的研发费用等。

2. 提案评估

通过上述方案概要评估后，国防创新小组要求提案方提交完整的提案，包括技术细案和价格细案两部分。其中，技术细案需重点标明方案的目标、方法、预期成果等内容，并提供详细的项目进度计划表，概述两年内不同阶段的工作；价格细案需提出完成原型机的总价格。这一阶段国防创新小组根据更加具体的内容进行评估，评估标准：细案是否能推动国防能力大幅提升、形成颠覆性影响，创新方案的技术优势，细案的现实性和充分性，价格的现实性和合理性。

3. 签订合同并履行

通过评估的公司将被授予固定价格合同，采用“其他交易协议”（OTA）的方式签订。“其他交易协议”是国防部的一种合同签订方式，采用这种方式签订的合同可以不受绝大部分政府采购法规和规章束缚，允许政府更快速、更简便地与企业达成协议，从而避免部分最具创新性的商业公司因手续繁琐不愿承担国防部研发工作。

上述阶段的合同国防创新小组称为“试点合同”，这些合同的大部分资金来自国防部合作伙伴，包括国防部长办公厅、国防部机构以及军种部门等，与国防创新小组的出资比例约为 1∶4，即国防创新小组每花费 1 美元，国防部合作伙伴花费 4 美元。试点项目验证成功之后，商业公司很容易获得后续的生产合同，生产合同完全由国防部合作伙伴资助，以获得先进的商业技术。负责人沙阿表示，如果一切进展顺利，现已签订的 58 个试点项目中绝大多数都会转化为生产合同，其中有些项目已进入转化前的最后阶段。

（军事科学院军事科学信息研究中心　蔡文君　魏俊峰）

美国成立陆军应用实验室加速科技创新向现实作战能力转化

为加快科技创新、保持军事技术优势、有效增强与外部创新型公司的合作，美国陆军未来司令部近日成立陆军应用实验室（AAL），寻求充分利用私营部门的创新能力，快速研发能够转为正式项目的产品和技术。2018 年10 月23 日，美国陆军未来司令部首席信息官杰伊·哈里森在国防工业协会上表示，陆军希望将外部创新想法变成真正量产的军用技术。这就需要将外部的创新能力与陆军内部的专长充分结合，开展具有前景的项目，使创新型技术跨越横亘于概念研发和生产之间的“死亡之谷”。

一、成立背景

当前，新威胁的不断出现以及其他国家通过开展相关项目提升军事创新能力等都对陆军提出了挑战，需要其采取新的举措促进创新能力发展。此外，创新型私营公司通常与军方的联系较少，且在军方合作中要面临国防部繁冗复杂的采办程序和要求，这就需要美军采取措施，消除采办过程中的障碍，推动创新理念向现实技术的转化。因此，陆军希望通过建立 AAL，使其内部深谙官僚体制流程的人员帮助创新型公司解决上述问题。

2018 年 9 月 13 日，陆军未来司令部司令约翰·墨里将军在众议院武装力量委员会听证会后表示，陆军计划在未来司令部总部奥斯丁成立一个与国防创新小组（DIU）类似的创新机构，即陆军应用实验室，以提升未来司令部的持续创新能力。鉴于未来冲突有可能通过人工智能（AI）、先进机器人和其他先进创新技术开展，墨里表示，该实验室成立后将利用当地科技优势，重点开展人工智能研究。

二、基本情况

AAL 是陆军未来司令部新组建的少数机构之一。AAL 主任由陆军未来司令部创新官杰伊·哈里森担任，之前他曾担任国防部长办公室 MD5 国家安全技术加速器的主任。

（1）目的。哈里森将 AAL 比作“礼宾服务”机构，即通过它将具有创新想法的私营机构与那些清楚如何将这些想法付诸实现的陆军内部人员密切联系起来，使后者帮助解决官僚体制采办流程、资金以及产品/技术军事规格等相关问题。

（2）寻求“颠覆性技术”。根据官方声明，AAL 是“陆军颠覆性创新能力的支持者”，其所称的“颠覆性”技术主要是指那些陆军尚未通过识别威胁、编写需求、创建采办计划等方式将其列入官方优先级的技术。AAL 将是一个永久性机构，负责提升陆军特定的能力（火炮、空中力量、步兵等），确保实际完成各项任务。AAL 寻求创新想法，并为其提供专门的通道，使这些想法转变为真正的技术成果。作为支持者，实验室可帮助有前景的新能力拟制军事需求，将创新公司与资金和决策者联系起来，并将一次性试验、演示验证和原型样机成果纳入正式项目。

目前，相关工作已经开展。该实验室将在1～2个月内发布正式广泛机构公告（BAA）作为对承包商的正式邀请。但是，实验室还需要6个月左右时间才能真正准备就绪为承包商提供服务。

三、试点项目

该实验室已启动四个重大试点项目，将拥有奇思妙想的外部创新者与能够实现其构想的资深内部人士联系起来。每个试点项目都为陆军可能无法发现的技术提供了潜在入口，但各个项目针对的是不同发展阶段的技术。这四个试点项目构成了一个逻辑序列，有兴趣参加的公司不必按顺序参与这些项目，可依据其技术成熟度选择任何一个试点项目。

（1）“催化剂”试点项目，重点针对不成熟的想法开展基础研究。它将建立在陆军研究实验室现有的“开放校园”项目的基础上，将大学（包括学术研究人员、学生企业家等）与陆军和国防工业联系起来。最初将重点关注奥斯汀（未来司令部总部所在地）、波士顿、伯克利等地区，最终计划是将这种方式扩展到全国。几个月前，优步公司、陆军、得克萨斯大学就未来旋翼机流体动力学建模签署了一份《合作研发协议》（CRDA）。哈里森认为，如果国防工业部门人员加入其中，为研究成果打开市场通道，将会有更好的结果。这也是“催化剂”试点项目寻求构建的业务模式。

（2）“陆军能力加速器”（Accelerator）项目。这是逻辑序列的第二阶段，主要致力于应用研究。在该阶段，由作战人员、企业家、研究人员和国防工业资深人员组建的团队将合作研制能够实际工作的原型，使真实的作战部队能在现实环境中进行战场测试。成功的团队可将技术交付有经验的企业，或寻求自己组建初创公司。

加速器项目已经在纽约市推出。陆军长期以来一直关注城市战。目前，陆军正在利用纽约四通八达的地铁、下水管线和其他地下基础设施作为试验台，来演示验证各种不同的产品和技术，帮助士兵在地下导航、生存和取胜。该试点的业务模型是参照风投，特别是在初期阶段，主要通过大量小额资助，使相关技术百花齐放。陆军将直接出资 5 万 ~ 10 万美元，参与者还可利用陆军的试验设施，并与专家和决策人员进行沟通。

（3）“合作开发基金”项目。它将仿效风投资金后续大规模投资来支持项目工程阶段工作。该基金将很大程度上重组已存在的投资项目，如“小企业创新研究”（SBIR）项目，降低参与门槛。

（4）“光环制造加速器”项目。致力于开发真正可部署的武器、传感器和其他系统。试点项目将于 2019 年春启动，其中包括为大型无人驾驶飞机研发小型无人机和引擎的计划。“光环制造加速器”将引进传统的国防承包商和军队机构来帮助创新型公司处理国防采办的繁文缛节，使创新公司不必耗费内部开支来建立相应的适应机制。该试点项目仍处于头脑风暴阶段。目前，陆军已着手准备成立一个强大的团队，邀请研究开发与工程司令部（RDECOM）和其他专业机构/人士帮助解决相关问题，此外 AAL 也希望国防工业部门能共同加入对话讨论。

四、几点认识

（1）新型创新机制可更充分利用私营部门的创新能力。AAL 将安排内部专业人员帮助初创公司解决包括采办流程、军事规格等方面的问题，使那些具有创新想法的公司可以专注于创新技术研究，加快研究进程和成果转化。这与国防创新小组单纯地向工业部门寻求先进技术不同，新型创新机制为创新科技公司提供了宝贵的时间财富，从而能更充分地利用私营部门的创新能力。

（2）新型采办举措更有助于创新能力发展。众所周知，国防部的《国防采办条例》和其他采办流程繁冗复杂，很大程度上拖延了采办进程，影响众多创新公司参与国防采办的积极性和主动性。这也是陆军未来司令部成立 AAL 的主要原因，以利用陆军内部了解采办流程的专业人员最大限度地帮助初创公司消除采办流程障碍，使其能够更加顺畅地参与国防采办流程，从而更有助于创新能力发展。

（3）创新技术储备有助于陆军未来开展更多列编项目。目前，AAL 主要向私营部门和学术界等寻求那些尚未被陆军确认为正式优先事项的先进技术，即“颠覆性”技术，包括但不限于人工智能、先进机器人技术等。此外，AAL 也积极寻求如何利用陆军各实验室研发出来但未成为列编项目的先进技术。通过这些举措实现创新技术的研发和储备，这将有助于陆军未来开展更多列编项目，拥有更多颠覆性创新选择方案。

（军事科学院军事科学信息研究中心　申森　魏俊峰）

美国举办多种创新大赛选拔创新思想和解决方案

挑战赛是美国国防科研机构进行国防科技创新的重要举措，旨在引导和加速全美国乃至全球范围内的前沿科技研究向满足特定军事技术需求的成果转化。2018 年，美国国防高级研究计划局、情报高级研究计划局、美国情报局等机构分别举办了“发射挑战赛”“地下挑战赛”“频谱共享挑战赛”“XAMINE 信息验证挑战赛”“地缘政治事件预测挑战赛”“保障数据挑战赛”等一系列挑战赛事。下面重点介绍 DARPA“发射挑战赛”和美国陆军科技创新构想虚拟推演竞比两项赛事。

一、发射挑战赛

2018 年 4 月 18 日，DARPA 战术技术办公室正式启动“发射挑战赛”（DLC），意图推进快速进入太空能力发展。现以专题形式，从背景、目的、挑战赛安排、奖金设置、意义和影响等几方面对这场挑战赛展开分析。

（一）发射挑战赛的背景和目的

目前，美国的空间体系是以数量相对有限但性能先进、技术高度复杂的卫星为骨干构建的，卫星的研制、测试和发射周期通常要跨越10余年甚至更长的时间。发射这些卫星通常依赖于大型运载火箭以及配套的复杂、独特基础设施，需要漫长周期和排队等待。随着美国国防部对天基系统的依赖性越来越强、势均力敌对手太空进入能力和对抗能力不断提升，美国国防部未来对快速发射的需求将越来越迫切，当前的卫星系统研制模式及发射方式已难以满足要求。

随着空间技术的快速发展，网络、通信和计算等领域的技术进步显著提升了小卫星（质量低于300千克）的军事效用。小卫星能够以极快的速度完成建造，周期从数年缩短到数周。小卫星的快速响应发射能力已成为美国国防部的新兴需求。但目前小卫星发射通常需要以搭乘方式进入太空，受制于其他项目的计划、技术和进度的影响。为了激励工业界提供能满足快速响应发射的能力，DARPA发起“发射挑战赛”——要求商业发射实体在事先不知道载荷、目标轨道和发射场地的情况下，面对临时出现的发射需求，能够在几天内进行不少于2次的发射，将10～1000千克的载荷送入预定轨道。美国政府将来可利用商业合同机制，与成功的参赛公司合作执行快速航天发射。预期的商业转化合作伙伴包括美国空军和NASA。

DARPA希望通过此次挑战赛，引导和推动小型商业发射公司持续发展快速航天发射能力，使这些商业公司把更多资源投向先进制造、微技术、自主发射、靶场设施等相关技术的发展，一方面谋求改变空间系统的发展模式，另一方面也谋求未来有更多具备响应性航天发射能力的商业公司可兹利用，使国防部摆脱对单一的固定的发射设施的依赖，具备在任意时间、任意地点实施快速航天发射的能力，即“按需发射”能力。

如果美军具备“按需发射”能力，未来一旦美国卫星遭到破坏，可通过快速发射新卫星入轨及时补充关键的空间能力以保持战斗力。此外，战时还可实施密集发射，快速扩充作战能力，对敌手形成显著作战优势。

（二）挑战赛安排

此次挑战赛 DARPA 未发布传统的广泛机构公告来征求所需技术的正式提案，而是发布特别通告，并启动 www. DARPALaunchChallenge. org 网站，鼓励参赛者利用自身在小型卫星发射领域正在开展的项目参与本次发射竞赛。为了最大限度地发现创新概念，DARPA 强烈鼓励非传统竞争者参与活动，包括小型企业、学术研究机构、外国实体、官方机构及人士等。DARPA 将向参赛者提供一份登记人联系信息和组织能力摘要清单。

DARPA 已于 2018 年 5 月 23 日在洛杉矶大酒店举办“参赛者日”活动。各参赛队伍与来自 DARPA 和美国联邦航空管理局的代表在洛杉矶进行注册登记并了解相关参赛事宜。由于空间限制，“参赛者日”的出席人数限于前 250 名登记人员。除了提前注册的参会者，本次活动还为愿意远程参与的人员提供网络直播。通过网络直播的远程参与仅限于 500 名参与者。DARPA 鼓励有意向的团体在注册前通过组织内部协调出席，每个团体的出席人数不超过 3 名。

此后，DLC 分两个阶段——资质审核阶段和发射阶段，正式展开赛程。

（1）资质审核阶段。资质审核阶段各参赛团队要在 2018 年 12 月 14 日前完成三项工作：

第一项是参赛团队注册和预审核。参赛团队必须在 2018 年 5 月 24 日至 10 月 15 日的期限内在 DLC 官方网站注册，并提交审核材料。DARPA 的赛事组织方将在材料提交 30 天内给出意见。为了成功实现预审核，参赛团队需要清晰明确地回答每一个问题，若提交的材料有表述不清之处，DARPA

将根据注册信息与参赛团直接交流。只有提出完整的空间发射能力系统的团队才能通过资格预审。

第二项工作是提交发射申请。这需要参赛团队详细解释他们的方法、技术系统的全部技术细节以及全面的发射操作和安全计划。DARPA 将对每个申请进行评估，以确定每个团队的方案具有足够的灵活性和响应能力，可以实现挑战赛的预设目标。该申请提交的时间不能晚于 2018 年 12 月 14 日。DARPA 赛事组织方将在该申请提交 30 日内给出结论，或者与团队就阐述不清楚的地方进行进一步沟通。

第三项工作是申请获得 FAA 颁发的发射执照。能否获得 FAA 颁发的发射执照是决定参赛团队能否进入下一阶段的关键。FAA 需要对参赛团队提交的申请进行充分详细的评估，以确定各参赛队的申请是否符合相关法规的要求。特别是评估其方案是否会危害公共健康和安全、财产安全、美国国家安全或外交政策利益或美国的国际义务。相对于前两项工作，FAA 的评估时间要长得多，因此 DARPA 建议各参赛团队尽早提交各项申请，特别是 FAA 的执照申请更要提早展开。获得 FAA 执照的最后期限也是 2018 年 12 月 14 日。

只有完成全部三项工作的团队才能进入到下一个阶段的竞赛，DARPA 将在 2019 年 1 月公布通过预审的参赛名单，并在 2019 年 4 月举办发射竞赛。

（2）发射竞赛阶段。通过资质审核的团队将进入到发射竞赛阶段，要求在 2019 年年末几周内连续进行 2 次航天发射。2 次发射将在两个不同的发射地点进行，第一次发射成功与否是参赛团队能否进行第二次发射的先决条件。每次发射都是临时通知，参赛团队将在每次发射前 30 天内获得发射场信息，将运载火箭、设备和必要的基础设施快速、安全地运输到指定地点。在发射前的14天内，各队将收到进一步的要求，包括发射台、有效载荷和轨道的具体细节以及发射的物理有效载荷。此举旨在反映美国国防部未来对空间战术利用的需求。

在第一次发射中，参赛团队只要以足够的精度把航天器发射至预定低地球轨道，即可赢得奖金。在第二次发射中，参赛团队发射航天器的质量、入轨精度、发射准备时间将成为计分排名的依据。最终根据排名发放奖金。

DARPA所提供的发射场较为简陋，仅提供一个混凝土浇注螺栓固定的发射台，以及发电机等电力设施。其他所需设施设备都由参赛团队自行解决，这也在一定程度上检验各参赛团队技术方案的完备性和适应性。

（三）挑战赛奖金设置

奖金是吸引各参赛团队参与和撬动相关技术研发的重要手段，此次挑战赛，DARPA分阶段设置了奖金分配方案。在资格审核阶段，DARPA将根据对参赛团队提交材料的评审结果和是否获得FAA的执照来确定参赛团队是否能够进入发射阶段的竞争，能够进入下一阶段的团队将获得40万美元的奖励。在发射竞赛的第一次发射中，参赛团队只要能够将有效载荷以足够的精度送入预定轨道，就可以赢得200万美元的奖励。在第二次发射中，参赛团队将载荷送入预定的低地球轨道后，将按照载荷质量、发射时间、入轨精度来评分确定名次。第一名获得1000万美元，第二名获得900万美元，第三名获得800万美元。

DARPA特别设立"获取空间弹性的响应性太空进入：DARPA发射挑战赛"（Responsive Access for Space Resilience（RASR）：DARPA Launch Challenge）项目，为此次挑战赛提供资助。

（四）发射挑战赛的意义

推动科技创新，丰富创新生态，除了获得"按需发射"和快速发射新卫星入轨的能力，美军和 DARPA 近年来频繁举办类似的各种科技创新赛或挑战赛活动，调动全社会创新资源，激发科研团队的创新活力，选拔最优秀的创意和方案，在美国全社会引发了良好的效应，极大推动了美军创新能力的发展。尽管组织形式、持续时间和奖金各有不同，但这些科技竞赛已成为传统科研模式的重要补充，在激发大众创新潜力、推动国防科技创新发展等方面均发挥了重要作用，成为世界主要国家重塑和优化国防科技创新生态、加速推进国防科技创新发展的重要手段。

培育新兴产业，支持新技术落地，除了推动科技创新，DARPA 本次挑战赛也意在引导小型商业发射公司持续投资发展快速航天发射能力，把更多资源投向先进制造、微技术、自主发射、靶场设施等小卫星和快速发射能力相关技术的发展，改变空间系统的发展模式，促进新的产业形态形成。国防科技创新的落地和可持续发展需要产业的支持，很多杰出的科技成果都因难以解决工程化和规模化生产问题最后无法落地，而本次挑战赛在刺激和支持快速航天发射产业、开辟新技术应用、打造完整产业链方面具有重要的意义。

二、美国陆军科技创新构想虚拟推演竞比

2018 年 3 月，美国陆军举行主题为生物会聚的“疯狂科学家”会议。为配合此次会议，陆军负责研发与技术的助理部长帮办办公室与“科技未来”（SciTech Futures）团队合作开展了一次网上创意推演竞比活动，旨在邀请相关领域专家广泛参与，围绕“生物会聚与士兵 2050”这一会议主题提出创新构想，预想生物会聚技术将如何改变未来冲突的特征。2018 年底，该竞比活动公布了最终的排名结果。

（一）活动设计

“科技未来”团队旨在通过开展创新构想网上推演竞比活动，探讨科技进步将如何影响未来战争。“疯狂科学家倡议”旨在通过与学术界、工业部门和政府机构开展广泛深入的合作和持续对话，探讨陆军应如何通过创新应对未来的作战环境。2018 年 3 月举行的“疯狂科学家”生物会聚创新构想网上推演竞比活动通过“科技未来”的网络平台开展。此次活动由三个互相关联的部分组成：想象空间、研讨会和市场。“想象空间”旨在使参与人员围绕生物会聚及其未来几十年对陆军、潜在对手和社会的影响这一主题快速提交简短的“灵感话题”。真正的创新想法来自“研讨会”。这些想法可能基于“想象空间”中获得的灵感，也可能是参与者提出的针对未来 30 年新兴技术的全新想法。此外，参与者还可以查看其他人员的想法并提出改进意见。如果想法获得了大众的充分支持，将会进入到“市场”环节。在“市场”中，参与者可使用虚拟货币投资其感兴趣的想法。

（二）主要参与者排名

网上推演竞比主要根据生产力（即想法数量）和投资额两个标准来对不同参与者进行评级。在想法数量方面，提供数量最多的参与者 breakpoint（网名，下同）在推演竞比中提交了 20 个想法。而 ghorstkj 虽只提交了一个想法，但在推演竞比中获得了最高的投资额。同时满足两个标准的前 5 大参与者中只有 k3nsh1n。

在参与者“代表”陆军做出的投资方面，ghorstkj 提交的增强现实/虚拟现实（AR/VR）排名首位。美国陆军在向作战单位提供地理空间态势感知能力方面一直占主导地位，不同的是未来它将向更低层次的作战单位提供更高水平的地理空间态势感知能力。作战部队可能在部署的或战场训练环境中非常需要 AR/VR 能力。陆军计划对近期/中期的 AR/VR 能力进行投资，为作战人员提供切实的作战能力支持。

在参与者“代表”未来潜在对手做出的投资方面，排在首位的想法是由 breakpoint 提交的预置生物武器。预置生物武器被假定为一种对抗系统。耐存储生物打印系统，结合无人机和长寿命电池（如锂亚硫酰氯）和能量收集技术，可实现预置生物武器的建造及布放，这种武器在 25 ~ 50 年内不会明显降级。这是一种颠覆性的能力，因为它可形成通常并不能轻而易举存在的生物武器，即具有几十年存储期限的预置大规模杀伤武器。该武器布放时间需要 2 ~ 4 周，任务存续期达 25 ~ 50 年。

（三）活动结论

针对生物会聚这一主题以及用户提交的想法，主办方得出了生物会聚的主要趋势。

一是生物会聚范畴广泛。从先进的可穿戴设备、智能纹身到器官改造和脑机接口，生物会聚包含大量面向作战人员和平民的技术。参与者提交的想法既包括可能破坏稳定的武器，也包括编队协作及增强情感共鸣等方面的技术进步。

二是生物会聚发展正在加速。生物会聚有潜力将生物问题转变为软件问题。软件发展速度要比物竞天择的自然规律或有机系统的进化速度更快。随着人类与技术的融合，到 2050 年之前，生物会聚变化的速度将更快，人类也由此需要更多考虑伦理道德和安全规则等方面的问题。

三是生物会聚日趋大众化。设计智能传感器和重组细菌等所需的工具在全球都易于获取，这带来了生物会聚研发的繁荣。人工智能、个性化基因组学和生物黑客等领域相关社区如雨后春笋不断出现。任何人都可以花费 100 美元对其基因组进行测序，也可花费更多以获得该技术进行自测。

四是生物会聚高收益与高风险并存。生物会聚社区的不断壮大可能带来前所未有的突破。从疾病治疗到战场内外人效的增强，生物会聚可能会改变人类的生活。虽然参与者提出的想法描绘了一个有希望的未来，能够改进士兵的生存能力，但同时也暴露了 2050 年生物会聚可能带来的一些负面影响。生物武器曾经专属于部分国家行为体，其中多数已于 1975 年取缔该武器的研发。但是，此次推演竞比活动中参与者认为未来生物武器可能会复苏。

（军事科学院军事科学信息研究中心　袁政英　申淼）

美国发布工业能力和供应链弹性评估报告强调工业基础开放

一、美国国防部发布工业能力评估报告

（一）基本情况

2018 年 4 月，美国国防部在其官网发布《2017 财年工业能力评估年度报告》，这是美国军方深度参与国防工业基础能力建设的重要措施。1996 年，美国国防部发布国防部手册《工业能力评估》，1997 年，国会将其写入《美国法典》，要求国防部每年向国会提交一份工业能力年度报告。自此，美国国防部形成了一套例行工业能力评估机制。2018 年发布的评估报告不但开展了工业基础能力评估，而且界定了国防工业基础的概念内涵，提出了工业能力建设的总体思路、重点任务和相关措施。评估报告有以下内容和要点。

一是从评估对象看，拓展了国防工业基础范围。国防部从服务于自身对供应商管理的角度给出国防工业基础的界定，并拓展了国防工业基础的

范围，从过去主要以国防工业企业为主拓展为企业、国防部研究实验室、非营利机构和大学，从过去以装备科研生产为主，拓展为国防科技与科研生产、维修全领域，突出强调了工业基础的开放性，强调了民用高新技术在国防科技创新中的地位和作用。

二是从评估体制看，构建了较完备的国防工业管理体系。评估体制涉及国会、总统和国防部多个层次。美国国会和总统是国防工业管理的最高决策层，主要通过立法、行政法规、预算拨款和评估监督等对国防工业实施宏观调控，国会立法要求加强国防工业基础能力评估。2017 年 7 月特朗普发布《评估与增强美国制造与国防工业基础与供应链弹性》总统令，要求国防部、商务部、劳工部、能源部和国土安全部等部门均开展工业基础能力评估。国防部设置制造与工业基础政策助理国防部长帮办办公室，主要负责制定维持国防工业基础的政策、组织开展工业基础能力评估。

三是从评估内容看，全面评估了十个专业领域工业能力。近年来，针对新的作战环境和中国、俄罗斯等强大对手，国防部调整了国防工业基础评估方式，按照航空、指挥控制通信与计算机（C^4）、电子、地面运输、材料、弹药与导弹、雷达与电子战、造船、航天和军内工业基础等十大专业领域，开展国防工业基础评估，主要评估相关专业领域主包商与分包商的现状和竞争态势，分析了在制造能力、基础设施、队伍结构、关键技术和供应链等方面存在的风险和短板，以及企业兼并、外国投资可能带来的负面影响，并提出降低风险的对策建议。

四是从评估方式看，采用了大数据技术等现代手段。从评估方式看，国防部组建了跨学科、跨领域的评估专家队伍（工业基础联合工作组），建立了国防规划指南数据库，采用了大数据技术等现代手段，并采用“风险识别—风险分析—风险降低—风险监督”的研究方法，全面分析国防工业基础10个专业领域的现状和存在的问题，提出了改进的对策建议。需要说明的是，评估组织管理和研究方法较为经济有效，完成这次评估报告仅花费8.4万美元，其中国防部人力成本为8.3万美元。

（二）评估结果

以往，美国国防部主要是对飞机、电子、地面车辆、材料、弹药与导弹、航天、舰船七大行业进行评估。本次评估，则将电子行业拆分为电子、C^4（指挥、控制、通信、计算机）、雷达与电子战三个行业，并首次对“国防部建制内工业基础”进行了评估。主要的评估结果如下。

（1）飞机行业。目前，美国国内大多数飞机平台由波音、洛克希德·马丁、诺斯罗普·格鲁曼、德事隆、空客和通用原子6家公司提供。未来4年，国防部将启动教练机、舰载空中加油系统、未来垂直起降三项新计划，将能确保飞机行业的整体稳定发展。在对风险进行评估时，发现飞机行业供应链仍存在对外依赖、来源单一、财务生存能力风险等诸多由来已久的问题。特别是在面向未来战机的设计和制造技术与技能方面，缺少能力储备和人才储备。为应对风险，国防部已在新采办项目中纳入对关键设计和制造技能人才的培养，同时着手解决对下层级供应商的需求波动问题。

（2）C^4行业。美国C^4行业对全球供应商和商业企业存在依赖，增加了伪冒产品进入国防系统的风险，且越是下级供应链，其产品供应情况越难以追溯。C^4系统面临的长期挑战是：在减小尺寸、质量和降低成本的同时，提高性能并跟上技术发展步伐。

（3）电子行业。军用电子市场仅占整个电子市场份额的6%，在军工市场所占份额也微不足道，但军用电子是一个与国防部很多关键能力都直接相关的领域。报告指出，在电子行业需要投入大量资本，才能维持竞争力，美国国防部主要通过投资研发活动，支撑军用电子工业基础，如2017财年为直接与电子相关的项目申请经费 17 亿美元，占国防部研发经费总额的 2.3%。

报告重点评估了两条供应链：一是印刷电路板（PBC）。全球 PBC 市场价值到 2015 年达到 600 亿美元，比 2000 年翻了一番；中国目前在该市场中占据 50% 的份额，而美国仅占不到 5%。二是半导体。全球半导体市场已从 1996 年的 1320 亿美元增长到 2016 年的 3390 亿美元，主要增长来自除日本以外的亚太国家，但美国在这一市场依然占据主导地位。此外，各层级生产商围绕某些芯片尺寸的整合趋势仍在继续。电子行业主要存在三方面风险：①确保国防部微电子供应链的完整性愈发困难。全球化、器件复杂性提高但体积却在减小、军用电子市场份额小等情况，使国防部知识产权被窃取的风险提升，国防部获取前沿技术的能力面临着更大挑战。②需要对现场可编程逻辑门阵列（FPGA）的安全予以持续关注。72% 的军用及航宇系统需使用 FPGA，其面临的安全威胁主要包括 FPGA 制造完整性问题、对设计比特流的未授权访问、使用过程中可能出现的恶意设计重配置漏洞等。③伪冒和过时的电子设备以及元器件进入供应链。约 70% 的电子元器件会先于系统报废，电子行业的飞速发展导致国防部在进行武器系统维护时，只能从分销商而非原供应商处购买过时的元器件，加之电子行业的全球化水平提高，伪冒元器件进入国防系统的风险提高。

针对这些风险，国防部 2017 财年采取的措施主要包括：启动可靠晶圆体代工厂长期战略资助计划；在“国防生产法第三卷”工作中，增加开发改进 FPGA 安全性的方法和产品；通过加强组织管理和立法应对伪冒风险，启动研究可现场识别假冒电子元器件的途径和方法。

（4）地面车辆行业。地面车辆行业的设计、生产和维护垄断程度较高。相比履带式车辆，轮式车辆对商用汽车技术和生产能力的依赖度更高，目前相应市场被美国奥什科什和悍马两家公司瓜分。履带式车辆主要供应商为BAE和通用动力两家公司，分别主要生产铝制装甲车和钢制战车。履带式车辆行业仍在依靠维护、改装和对外军售来维持能力，由于缺少新项目，导致新型先进车辆的设计和制造经验与能力缺乏，越野车辆的材料和技术已达到物理极限。为降低风险，报告建议启动新型作战车辆开发项目，在车辆维护和改造领域引入更多竞争企业。

（5）材料行业。军用材料只占整个材料市场的1%～3%，但材料风险会影响到其他行业和诸多武器系统的供应链，危及国家经济安全和国防安全。报告提出，攸关国防和民用需求的材料生产和供应链必须做到有“活力”“适应力”“竞争力”，还要对近期、远期的经济安全和军事需求有“响应力”。当前新技术发展对材料的需求高涨，且稀缺材料资源面临激烈的全球争夺。从军需角度看，材料供应链面临更加严峻的风险，主要包括弹药等军品所需材料出现短缺、对国外独有材料或国外专利材料过度依赖、不公正的国际贸易对关键材料供应商造成伤害、依赖过时的商业材料、部分参与生产的民间企业停产、单一供应源等。报告将这些风险归咎于美国政府和国内企业对材料领域投入不足，以及发展中国家采用了倾销和补贴等压低成本的“扭曲”贸易行为。化解这些风险的首要途径是“实现供货多元化”。报告提出了美国国防部可采取的机制和手段：一是通过“国防生产法第一卷”项目、“国防优先与分配机制”“国防储备计划”，确保国防材料需求得到优先响应；二是通过《国防互惠采办谅解备忘录》《购买美国货法》《国防生产法》第三卷，确保能从国内外获得可靠战略物资，提高并保护相关工业能力；三是通过与商务部、能源部等部门的协作，评估战略/关键材料的供应风险。

（6）弹药和导弹行业。该行业的主承包商和次级承包商的国防专属性都较强，受国防需求波动的影响大。雷神公司和洛克希德·马丁公司两个主承包商约占国防部采购额的97%，次级承包商在面临需求猛增时很难迅速做出反应，容易出现交付延误和成本增加。此外，该行业大部分研发经费用于对原有项目的升级或改造，并未用于很好地发展满足未来国家安全需要的概念设计、系统开发和生产等能力。本次评估发现的风险与2017年基本一致：①固体火箭发动机和小型涡轮发动机。目前均只有两家竞争者，前者中的航空喷气·洛克达因公司、后者中的泰莱达公司均因没接到相应订单，已决定关闭相关生产设施，退出国防部业务。②热电池。因产量低和利润率低而严重依赖单一供应源，并缺乏技术改进投资。③引信。制造系统的改进显著减少了引信需求量，导致了能力过剩和技术投资萎缩。④导弹含能材料。端羟基聚丁二烯和固体火箭发动机的阻燃原料分别依赖法国和比利时的国外唯一供应源，风险较大；因利润低，美国国内的高氯酸铵供应商在大幅提价，二甲基二异氰酸酯供应商有意退出此业务。

海军巡航导弹发展计划、空军远程防区外武器研发试验与评估、导弹防御局萨德卓越计划等的开展，对于维护弹药和导弹行业能力起到重要作用。此外，美国国防部还实施了专门的工业基础分析和维护措施，包括对引信所依赖的电子保险和解保装置发展提供资助，培养和扩大供应基础；出资扩大端羟基聚丁二烯、环三亚甲基三硝胺和钝感炸药IMX产能，并已对前者进行了测试和认证；与高氯酸铵的需求大户——美国航空航天局合作，为稳定市场和降低成本制定长效方案；对有意退出市场的唯一供应商，协助其进行市场分析，或寻求替代方案。

（7）雷达与电子战行业。国防部大部分雷达与电子战行业的采办、研发和维护项目被雷声、诺斯罗普·格鲁曼、洛克希德·马丁、哈里斯和BAE系统五家公司垄断。雷达与电子战行业面临着其他电子工业的很多共性问题，如代工厂不可靠、出现伪冒零件、原材料短缺等。有源相控阵雷达当前和未来发展面临着竞争力和创新力减弱的问题。随着 F－35 飞机战术有源电扫描阵列（AESA）雷达项目的投资计划完结，未来先进雷达系统的开发和竞争格局可能难以维持。软件编码人才流失问题严重。高频行波管、箔条、热诱饵弹等基础器件和铼钨－3% 铼丝、钐钴等贵金属材料，存在着来源单一和对外依赖的风险。报告重点提出，需要加强制造工艺和硬件等的通用性，如此可协调不同项目的进程，推进资源、人才的有效分配与共享，提高利用率。投资研发下一代有源电扫描阵列，是降低战术空载雷达系统竞争和创新风险的唯一途径。此外，国防部已通过“国防生产法第三卷”项目，有效支持了雷达与电子战工业能力。当前正在开展“氮化镓高级电子战单片微波集成电路”“氮化镓单片微波集成电路生产计划”等项目。

（8）舰船行业。美国舰船行业的集成商主要集中在四家公司的 7 个船厂。2017 财年该行业保持稳定，全年交付 10 艘舰船，并新接受了海军 150 亿美元的采购合同（其中上述几大船厂获得了 115 亿美元）。相比而言，下级供应商在近 20 年来数量萎缩严重，关键供应商名单中共列入 139 家企业，其中 50% 是单一来源供应商。美国海军制定了“打造 355 艘舰船规模”的新目标，给舰船行业发展带来了稳定工作量，有利于刺激行业投资和扩张。国防部正在加强与造船企业的密切合作，确保设备设施和配件供应能满足需求，并通过灵活使用多年期采购合同、大宗购买合同、资产开支刺激计划、造船能力维持协议等，为工业界提供支持。双方也在协力培养技术熟练的员工队伍，以避免未来出现人力不足。

（9）航天行业。美国国家安全太空系统越来越依赖于商业市场。但与此同时，商业市场中存在着网络威胁、供应链不可信、对外依赖、需求不稳定等问题，也影响着供应能力和质量。特别是国家安全太空系统对某些性能和功能有特殊需要，且对于尖端技术要求较高，这是商业/民用系统所无法满足的。报告特别指出，宇航级结构和纤维、抗辐射加固微电子元件、辐射测试和资格认证设施、卫星零部件和总装四个领域面临的风险最高。美国国防部自2013年起批准实施航天工业能力投资计划，航天关键技术工作组作为该计划的执行机构，重新全面审查了航天工业基础的脆弱环节和技术需求，并已根据总统关于美国航天工业基础的决定，确定了具体的风险化解项目，主要包括电子束直写、数字增强抗辐射/模拟技术 P&Q、RH 信任的现场可编程门阵列、辐射试验设施、锗基板等。

（10）建制内工业基础。国防部建制内工业基础（DoD Organic Industrial Base，DOIB）是国防工业基础的一部分，主要包括原材料供应者、采办和后勤支持规划者、制造和维修执行部门。DOIB 为库存装备提供维护保障和专用制造能力。该行业因美国海外军事行动的开展和装备规模的扩大而需求广泛，且随着装备愈加复杂，对该行业的技术要求和设施现代化程度要求也在提高。目前，美国国防部需要维护约 4.4 万辆战车、780 枚战略导弹、278 艘战舰和近 1.4 万架飞机，运营 17 个主要建制内（政府拥有和运营的）仓库维修设施和 3 个军火制造厂。这一行业当前面临着复杂的基础设备设施老化、电网和通信等配套落后、技能人员经验和资质不足等问题。如海军船厂固定设备平均寿命已达 22 年、海军航空基地基础设施已达 59 年、海军陆战队维修司令部设施已达 31 年，这些都严重影响基地的维护能力。为应对这些难题，增加对重建基础设备设施的资金投入是主要途径，但由于军队战备和装备现代化仍是国防开支主流，评估认为，该行业要想获得支持还需时日。该行业在人才招募和培养上也较其他政府雇员缺少优势，国防部正在通过与学术界合作、采用学徒制和实习制等方式来弥补缺口。

二、发布供应链弹性评估报告

2017 年 7 月 21 日，特朗普签署第 13806 号行政命令，要求“评估并强化美国制造业和国防工业基础及供应链弹性”。国防部领导的一个跨部门工作组具体负责该工作，跨部门工作组成立 16 个工作小组。9 个工作小组关注传统部门：飞机；化学、生物、放射性及核（CBRN）；地面系统；弹药及导弹；核弹头；雷达与电子战；造船；士兵系统；太空。而另外 7 个工作小组评估交叉能力：制造业网络安全；电子元器件；机床与工业控制；材料；“国有基础”（政府或公共部门）；软件工程；劳动力。2018 年 10 月 5 日，美国国防部发布《评估并强化美国制造业和国防工业基础及供应链弹性》报告（以下简称为《报告》）。《报告》解释了造成美国制造业和国防工业基础（“工业基础”）10 种风险形态的五种宏观因素，阐明了这些风险形态对各部门的影响，并提出了风险缓解建议。此外，《报告》还指责中国窃取知识产权以及中国“侵略性的工业政策”。

（1）供应链弹性评估报告，得出以下结论：①五种宏观因素影响整个工业基础的发展，使能力恶化：财政减赤以及美国政府支出的不确定；美国制造业能力的衰落；美国政府的业务实践；竞争国家的工业政策；美国劳动力科学、技术、工程和数学（STEM）以及贸易技能的衰退。②这些宏观因素产生 10 种风险形态，进而导致国防部供应链不安全：唯一来源；单一来源；脆弱供应商；脆弱市场；产能受限的供应商市场；外国依赖；制造业来源衰减以及原材料短缺；美国本土人力资源不足；美国本土基础设施的侵蚀；产品安全性。③这些风险形态对各部门产生超过 280 种影响，严重影响工业基础的活力与弹性。此外，《报告》还强调了四项重大发现：宏观因素主要影响国防次级供应链；对与美国存在竞争关系的国家依赖程度极重；所有部门均面临劳动力挑战；很多部门继续将关键能力转移到海外。

（2）评估报告提出了如下建议：①正在开展的工作。通过《2018 两党预算法》增加国防部短期预算稳定性，为 2019 财年提供稳定经费；使外国投资委员会现代化，并依据《1974 年贸易法》第 301 条启动对中国知识产权窃取行为的调查，以对抗中国的工业政策；更新常规武器转让政策和无人机系统出口政策；改组原国防部采办、技术与后勤副部长办公室，调整国防部采办条例咨询委员会的工作，并开发适应性采办框架；重组国防采办大学，以建立劳动力教育与培训资源；响应《2018 财年国防授权法》第 1071（a）条，制定流程以提升分析、评估及监视工业基础脆弱性的能力；制定《国家先进制造业战略》；劳工部“学徒项目”；国防部“提升国家安全和经济竞争力的微电子创新”项目；国防部旨在维持技术优势的跨职能团队；应用基于风险的方法以监督国防工业安全项目承包商。②机密“行动规划”中的建议。跨部门工作组还从投资、政策、监管和立法四个层面提出了一系列建议。详细建议包含在一份机密“行动规划”中，包括：制定支持国家安全工作的工业政策；通过国防部《国防生产法》第三章“制造业技术和工业基础分析及保障”项目，加大对较低层次工业基础的直接投资；多样化供应来源，多样化战略可能包括再造工程、扩大使用国防储备项目、或者批准新合格供应商；通过“国家技术工业基础”和类似架构与盟友和伙伴合作；使国有工业基础现代化；加速劳动力培养工作，提升国内劳动力 STEM 以及关键贸易技能；采用有效流程降低人员安全调查工作的积压；进一步加强探索下一代技术的工作。此外，机密“行动规划”还包含对国防部指导，以全面研究支持军队现代化需要的工业基础需求，尤其关注赢得未来战争需要的技术。

三、特点规律及几点认识

深入分析美国国防工业能力报告的主要内容，结合美国数十年来形成的军企关系，有以下认识：

（1）国防工业改革顺应国家战略要求，提出了与顶层军队建设目标相适应的工业发展新坐标。评估报告从美国新的国家安全战略和国防战略、国防部三大战略目标和使命任务出发，提出了国防工业基础健康发展的四大特征：一是“强壮”，有多种类型的公司支撑国家安全需求，有商业化企业支撑政府需求，具有竞争活力，拥有经济高效的供应链；二是“安全”，国防科研生产供应链是安全的，确保工业基础的网络空间安全；三是“弹性”，国防工业基础具有柔性发展能力，也具有可维持性；四是“创新”，能够敏捷地应对未来作战威胁，拥有吸引所有企业的军工市场，使从事国防的企业有利可图，建立和保留充满活力的创新人才队伍。上述基本特征反映了世界军事变革的本质规律和内在要求，也界定了美国国防工业发展的新坐标。

（2）工业基础从军民分离走向军民一体化，更加强调国防工业体系的开放性和创新性。冷战期间，美国国防工业基础基本是同民用基础分离的。20 世纪 90 年代初，美国开始了国防工业调整改革，逐步推进军民一体化，目前实现了军民一体化的工业基础。从本次评估报告看，在目前美国国防工业基础体系中，除仍保留少量军事专用核心能力外，国防工业基础范围越来越大，特别是鼓励非传统承包商和小企业参与军队科技创新。通过国防创新小组、国家安全技术加速器，营造良好的国防科技创新生态环境，提升军事基础性、前沿性、探索性、颠覆性军事技术能力。

（3）国防部深度参与国防工业基础能力建设，通过多种手段引导维持健康的国防工业基础。长期以来，美国国防部通过政策制定、军事需求、战略引领、规划计划、竞争招标、采办绩效评估等多种手段，牵引、影响、乃至直接参与国防工业基础能力建设。从本次评估报告看，国防部还设有负责工业管理的专门机构（制造与工业基础政策助理部长帮办办公室），出台专门的国防工业基础改革倡议，定期开展工业基础专业领域的能力评估。此外，国防部还直接牵头组织国防工业基础新兴能力建设，在国家制造创新网络计划支持下，直接组建了8个国家级制造业创新研究所，这是美军对新兴技术形成核心能力的新布局，以构建适应未来作战要求的、富有创新活力的国防工业基础。

（军事科学院军事科学信息研究中心　李宇华　张代平　李洁　郝继英）

美国推进制造业创新网络计划布局新型军工核心能力

制造业是推进科技创新的关键因素。美国国家制造业创新网络（NNMI）通过融合全社会创新力量，在先进技术领域构建了由众多制造业创新研究所组成的制造业创新生态体系。美国国防部积极参与国家制造业创新网络建设与运营，已牵头组建多家制造业创新研究所，推进重大科技成果向实战应用转化。目前，国家制造业创新网络已逐渐发展成为美国国防建设体系的重要力量，其组织模式、运营理念值得关注。

一、基本情况

制造业是产业之母，是科技创新的基石，在军事能力整体构建中发挥至关重要的作用。一方面，制造业为科技创新提供强有力的条件保障，通过高端需求引导创新、驱动创新，并作为市场化载体为科技创新成果转化提供支撑；另一方面，制造业是支撑国防工业的基础，涉及国防工业系统承包商及数以万计的分包商和零部件供应商。美国始终保持危机意识，每年国防部都会向国会提交年度工业能力报告，严防国防工业发展受制于人。一直以来，美国都是制造业价值链条的主导者和引领者。但20世纪美国制造业的外迁，导致制造业大规模衰退，同时还造成知识和技术资本的外流，引发本国制造产业全链条的断裂，制造业创新研发基础遭到破坏。美国在实现“美国制造”成果转化过程中逐渐失去立足点，制造业领域科技竞争力有所削弱。美国政府急需转变制造业创新发展模式，实现先进制造业技术从概念产生到技术成果转化的全链条式发展，促进美国制造业科技创新发展和技术成果转化。在此背景下，国家制造业创新网络应运而生，旨在通过联合政府、工业界以及学术界的力量，协同推动美国制造业在创新研发、人才培养以及技术成果转化等方面的一体化长远发展。

国家制造业创新网络构想于2012年由时任总统奥巴马提出，2013年1月，白宫国家科技委员会和美国先进制造业国家项目办公室联合发布《国家制造业创新网络：初步设计》，进一步明确了这一国家战略计划的宗旨。2014年12月，奥巴马又签署了《2014年美国制造和创新振兴法案》，国家制造业创新网络计划随即正式成为法定计划，开始在全美加紧推行。国家制造业创新网络的初始目标是投资10亿美元，在全美范围内创建由15家制造业创新研究所组成的初始网络，因机制运行后效果明显，奥巴马政府把目标升级为成立45家研究所。截至目前，国家制造业创新网络已经建成14家创新研究所，其中，国防部牵头成立了8家，能源部牵头5家，商务部牵头1家。

制造业创新研究所主要特征包括：①由非营利机构领导，汇集政府部门、工业界以及学术界等组织形成区域性先进制造业中心；②重点投资工业领域中与先进制造技术密切相关的应用研究，弥合早期研究与产品研发之间的差距；③为企业尤其是小型企业提供基础设施并共享经验，帮助其获得先进设备的使用权，降低研发成本，加快技术向市场转移；④扮演“教学工厂”角色，帮助企业提高劳动力技能、开发样机产品、强化业务能力；⑤新研究所成立后的5～7年内会得到0.7亿～1.2亿美元的联邦资助及比例不低于1∶1的非联邦共同投资，联邦资助逐年递减，最终实现研究所自负盈亏。

二、发展历程

2011年6月，美国时任总统奥巴马根据总统科技顾问委员会的建议，推出“先进制造业合作伙伴关系”计划，寻求行业、学术界以及政府之间的合作机会，促进新兴技术、政策和合作关系的发展，改造并振兴美国先进制造业。2012年3月，奥巴马提出建立一个总投资10亿美元，包含15家创新制造业创新研究所的国家制造业创新网络计划。同年8月，首家试点研究所——国家增材制造创新研究所（又称America Makes，美国制造）宣布成立。成立伊始，就吸引了85家公司、13个研究型大学、9个社区学院以及18个非营利机构的参与，并形成了独立委员会联合治理的管理模式，针对项目选择、成果转化、合作伙伴关系、人才培养、知识产权、融资渠道等多个方面建立了较为成熟的机制。首家研究所成立后，美国政府连续出台各种报告、政策，强调先进制造业在保持美国竞争优势中的重要作用，制造业创新研究所大规模组建呼之欲出。

2013年，国会发布《美国制造业竞争力法案》，指导国家科技委员会下属的技术委员会，在国家经济委员会的协调下，转变当前先进制造业研究发展的战略计划，制定提升国家制造业竞争力的战略计划，并要求委员会对美国制造业竞争力和增长的具体因素进行分析，要求总统向国会提交该计划，并在公众网站上发布。2013 年 1 月，白宫国家科技委员会和美国先进制造业国家项目办公室联合发布《国家制造业创新网络：一个初步设计》，全面概述了国家制造业创新网络建设的初步构想。同年 2 月，奥巴马在国情咨文中充分肯定了国家制造业创新网络及其前期工作，要求国会授权投资并与非联邦投资相匹配，呼吁创建国家制造业创新网络，并把计划目标升级为在未来 10 年建设 45 家制造业创新研究所。这一时期，相关政策制度的逐步完善、组织管理框架的初步形成，以及试点研究所的建立，为国家制造业创新网络建设初步打开局面，积累了有益经验，为后续发展建设奠定了重要基础。

2014 年 2 月，由国防部牵头的两家研究所——“数字制造与设计创新研究所”和“轻量制造创新研究所”相继成立，数字制造与设计创新研究所主要职责是开发验证数字制造业技术，并通过主要的制造业工厂实现这些技术的商业化部署；轻量制造创新研究所利用轻质金属包括铝、镁和高强度钢合金以及新型轻质金属生产产品，并实现技术由实验室向工业生产的转化。

2014 年 12 月，由能源部牵头的“下一代电力电子制造创新研究所”成立（又称 PowerAmerica，电力美国），主要职责是开发先进制造业流程实现宽禁带半导体的大规模生产，相比传统硅材料的半导体，宽禁带半导体制作的电子元件更小、更快、更高效，宽禁带半导体的使用有望提高包括发动机到军事卫星的效率，从而重塑美国的能源经济。同一期间，奥巴马总统签署了《振兴美国制造和创新法案》，国家制造业创新网络正式成为法定计划。

2015 年 6 月，先进复合材料制造创新研究所正式成立，主要致力于研发用于人造卫星和汽车等的低成本、高效率且能够循环利用的先进复合材料。同年，由国防部牵头组建了集成光子创新研究所和柔性混合电子制造创新研究所，重点关注领域分别为先进集成光子电路制造技术和薄化设备处理，设备/传感器集成打印等。2016 年 2 月，先进制造业国家项目办公室发布《国家制造业创新网络计划年度报告》，从报告中可以看出已经运行的研究所成效较为可观，在技术发展、持续发展、创新生态发展及人才培养等方面均取得了很大的成绩。奥巴马政府同时提出吸引更多的非联邦资金参与国家制造业创新网络计划，并呼吁国会大力支持后续研究所的建设。2016 年 4 月和 6 月，国防部和能源部分别组建了革命性纤维与织物制造创新研究所和清洁能源智能制造创新研究所。

2016 年 12 月起不到两个月的时间，国家制造业创新网络先后成立了 5 家新的制造业创新研究所，国家制造业创新网络研究所的建设和发展呈现井喷之势。其中国防部牵头的有先进再生制造研究所、先进机器人制造创新研究所。能源部支持的两家包括：过程强化部署快速推进创新研究所和节能减排创新研究所。商务部也成立了其支持的首家创新研究所——国家生物制药创新研究所。

2012 年 8 月至 2017 年底短短 5 年多时间，美国建设了 14 家制造业创新研究所，国家创新网络建设初具规模。目前，美国联邦政府正在酝酿建立更多新的制造业创新研究所，可以预见的是，随着网络的逐步健全完善，美国高端制造业水平将得到大幅提升，并将对美军军事领先优势的形成奠定重要基础。

2018 年 8 月，跨行业发展联盟国家制造科学中心宣布，计划在马里兰州哈福德县阿伯丁市建立一个新的分中心，该地区也是陆军阿伯丁试验场和测试评估司令部的所在地。分中心主要开发下一代工业增材制造、材料和工艺。目前，该中心正在寻找能够提高设备性能、燃油效率和减少零件装配的产品与设计。所有项目都有这方面的需求，而实现这种能力的核心是增材制造、人才投资和基础设施。该中心成立后将与约翰·霍普金斯大学、马里兰大学和特拉华大学等地区性学术机构以及诺斯罗普·格鲁曼创新系统公司、3D 系统公司、应用材料公司和陆军研究实验室合作共同开展工作，逐步解决增材制造技术的难点。与该中心合作的公司中，约有 1/3 来自非传统组织，使得这些公司颇具创新思想和拥有自主知识产权的技术，该中心的成立，给予了这些公司与大型机构合作的机遇。此外，空军和海军对该中心的成立也颇感兴趣，因为军队的大部分设备都是用复杂的部件制造的。该中心的规划和合作预计需要两年的时间。由于该中心的重点为制造业，预计会在未来几年内带动阿伯丁市就业和经济的增长。

三、组织管理

国家制造业创新网络的运作，在联邦政府统一领导下分工合作，各联邦机构负责研究所的招标和协调工作。研究所采取委员会联合管理模式分管各自事务。

（1）总体情况。美国联邦商务部直属的国家标准与技术研究院（NIST）负责国家制造业创新网络的总体监督和运行，其下属的先进制造业项目办公室（AMNPO）具体负责整个网络运行的相关事宜，联邦商务部、国防部、能源部、航空航天局等机构分别负责各研究所招标和管理协调。

先进制造业项目办公室是一个跨部门管理机构，负责协调所有参与先进制造业的联邦机构之间的工作，由来自联邦机构中制造业相关的业务代表、制造业公司和大学的研究人员组成，主要职责包括：①负责创新研究所审核及筹建工作，监督研究所的管理和运行；②与联邦机构签订谅解备忘录，以实现国家制造业创新网络的计划目标；③协助联邦机构实现利益最大化；④建立相关信息交换平台，整合相关信息资源，促进资源共享；⑤定期（一般不超过 3 年 1 次）更新国家制造业创新网络战略计划；⑥确保成果惠及中小企业。

先进制造业项目办公室下设国家制造业创新网络领导委员会，该委员会由来自各研究所的代表组成，主要负责监督各研究所在知识产权、合同、技术研发以及绩效指标等方面共享实践经验，寻求研究所之间的合作机会。

（2）研究所组织管理。联邦机构负责每个研究所前期筹建和管理工作。一旦研究所建成，政府部门不再进行事无巨细的管理，创新研究所将成立由政、产、学、研合作伙伴代表组成的委员会，采取联合管理模式运作，这种管理模式层次少，扁平灵活，可有效保护利益相关者（工业界、学术界和政府部门）的权益。例如，数字制造和设计创新研究所成立之初便组建执行委员会，由政府部门、学术界及非营利组织代表组成，其最高行政领导是经委员会成员选举产生的执行主管，主要负责研究所的日常运行。委员会还设有高级运营主任和首席技术官，其中，高级运营主任负责研究所整体业务运作，首席技术官负责确保研究所技术方向符合技术路线图和战略投资计划。此外，该研究所还设两个咨询委员会：战略咨询委员会（SAC）和技术咨询委员会（TAC），主要职责是向执行委员会提供咨询和反馈，具体工作分别由执行主管和首席技术官负责协调管理。

四、运行机制

研究所从最初的选择组建到后期的项目招标，均以开放性、竞争性和可持续发展作为基本原则，并基于长远稳定发展的理念开展相关工作。

（1）组建制造业创新研究所。制造业创新研究所的选择是一个开放、竞争的过程。根据可用资金情况和当前技术需求，先进制造业项目办公室面向公众征询意见，组织评审小组对征求的意见进行评估分析，选出最具竞争力的拟建研究所进入招标阶段。评审小组由该办公室代表、合作联邦机构代表以及权威领域专家组成。目前，14 家已成立的研究所由国防部、能源部和商务部牵头通过招标成立，后续会有其他联邦机构（如航空航天局）参与。这 14 家研究所通过两种形式最终赢得竞标：一种是大学、基金会、研究中心等单独机构牵头，汇集工业界、学术界和非营利组织成员，如先进机器人制造创新研究所由美国机器人公司牵头，成员包括 123 个产业伙伴、40 个研究机构、64 个政府机构和非营利伙伴；另一种是基于已有联盟建立，如麻省理工学院为领导革命性纤维与织物制造创新研究所，联合 89 个合作伙伴建立美国高级功能性纤维联盟，形成纤维科学前沿技术优势，最终赢得革命性纤维与织物制造创新研究所竞标。

（2）实施项目管理。目前，制造业创新研究所运作已日趋成熟，在项目生成和招标过程中形成较为灵活的遴选机制。以数字制造和设计创新研究所（DMDII）为例，其下属的技术咨询委员会根据数字设计和制造领域的相关技术挑战，制定技术路线图，形成年度战略投资计划，该计划的主题将转化为研究所项目进行招标。年度战略投资计划每年都会修订，可有效保证由其转化而成的项目与现实技术需求密切相关。此外，利益相关者（如研究所成员）也可根据自身需求发起项目。项目招标面向全社会发布，所有相关企业均可竞争参与。①发布项目招标。如数字制造和设计创新研究所定期在其网站发布项目招标，包括技术提案征求书（RFP）和提案准备工具包（PPK），征求方案白皮书以解决应用研究和技术研发面临的挑战。技术提案征求书是对具体技术目标和研发解决方案技术范围的描述，每个项目都有相应的技术提案征求书；提案准备工具包提供了编写和提交白皮书以及项目成本提案的详细要求。②白皮书阶段。提案方需按照要求提交白皮书，包括执行摘要、技术方法、项目管理计划和资源、成本因素等内容。白皮书还必须包括成本估算表（如成本份额等），阐述拟议解决方案的初步成本估算。评估委员会根据评估标准和评分方案对提交的白皮书进行评估。评估标准包括技术细节、创新性、项目管理计划、技术转化等。委员会成员包括技术咨询委员会成员、政府利益相关者代表以及工业界和学术界相关领域权威专家。研究所的代表（如项目主任等）可以参与评估委员会议，但没有投票权。③成本提案阶段。评估委员会评选出的白皮书将进入成本提案阶段。入选提交方将收到成本提案邀请。这一阶段的提案需提供足够的成本信息，证明拟议费用的现实性和合理性。成本提案需与相应的白皮书成本估算表中列出的信息一致。研究所将对所有的提案进行综合成本分析（包括成本合理性和成本现实性）。④项目授予。成本分析完成后，执行董事会将核准这些项目，并批准待授出的项目，如果提案中涉及政府资金，还需国防部数字制造和设计创新研究所项目主任的批准。值得注意的是，项目参与者必须首先签订研究所成员协议，才可获得项目授权。

五、几点认识

国家制造业创新网络从2012年首家试点研究所成立运行至今，已形成了较为成熟的运行机制，其规模仍不断扩大，在国防科技创新发展和应用方面显示出巨大的潜力，这与其构建思路、发展模式、运营机制等方面的创新突破密不可分。

一是构建思路强调全方位、多领域。目前，国家制造业创新网络各研究所分布于美国的大部分地区，工业界、学术界合作伙伴遍布全美，并呈现迅速扩张趋势。2017 财年，国家制造业创新网络会员总数增长 50% 以上，达到 1291 个。各研究所专注特定的技术领域涵盖 3D 打印技术、生物制造、人工智能、先进复合材料等多个领域，相互独立又互为补充，既有助于避免因技术领域重合导致的资源分散，又有助于充分调动领域内的创新资源。例如，国家增材制造创新研究所的主要领域是 3D 打印技术；集成光子制造业创新研究所专注于集成电子电路制造技术。

二是发展模式注重全链条、一体化。科技成果不能得到有效转化的原因一般在于研发与生产相分离，通常遵循先研发、后转化、再应用推广的机制，由此导致大量研发成果无法跨越科技创新中介于技术与产品之间的“死亡之谷”。国家制造业创新网络致力于形成“新概念产生—基础研究—应用研究—技术开发与试验验证—成果转化”的整链条发展模式，避免偶尔由于某一环节缺失而导致出现链条断裂的后果。这一点恰恰有利于研究成果向市场转化，为产业部门快速规模化生产创造条件。

三是运营机制注重透明竞争、可持续发展。国家制造业创新网络项目生成机制由多种渠道构成，有效保障了研究所项目来源的广泛性，由此产生的项目必须符合研究所的技术使命，有助于研究所专注特定技术领域，实现可持续发展。企业参与项目机制灵活，既可单独申请，也可以组团一起申请，避免了弱势小企业因门槛过高望而却步，有利于充分调动全民参与的积极性。此外，中标机构必须成为研究所会员后才能签订合同，这种制度有利于研究所源源不断地引入高资质新鲜血液，为研究所提供资金、人员、知识资本等方面支撑，有利于研究所长期稳定发展。

六、结束语

国家制造业创新网络是全美先进制造业领域的政、产、学、研协同创新网络，是美国政府为应对制造业领域的挑战所实施的战略性调整，各研究所的选址遍布全美各地，“网络”一词充分体现了国家制造业创新网络涉及范围之广、影响力度之大。目前看来，国防部参与建设的研究所数量占全部研究所数量的一半以上，重点关注领域均符合“第三次抵消战略”的技术需求，能源部和商务部牵头成立的研究所的研究领域均和国防科技领域有所关联，很大程度上助力美国国防科技发展，为“第三次抵消战略”的实施注入强劲力量。另外，制造业创新研究所产业链化发展模式还有助于有效解决技术和产品之间“死亡之谷”的问题，其运行方式和理念值得研究。

（军事科学院军事科学信息研究中心　蔡文君　魏俊峰）

美国国防部联合人工智能中心建设情况分析

当前，以人工智能、大数据和云计算为代表的新兴技术正快速改变世界面貌。美国国防部认为，中、俄等主要竞争对手在人工智能军事应用方面的投资力度逐步加大，对美构成严重威胁，美国国防部须加快人工智能发展，利用人工智能来保持其技术、作战优势及战略地位。2018 年 6 月，美国国防部宣布成立联合人工智能中心（JAIC），由国防部首席信息官负责监管，主要职责是着眼于国防部近期人工智能项目，协调人工智能全寿命周期活动，满足美军当前需求。

一、联合人工智能中心成立背景

作为新一代科技革命浪潮中的典型代表，人工智能将深刻改变未来战争面貌。当前，世界主要国家正采取多种举措大力推动人工智能的发展及其军事应用，美国国防部已深切感受到竞争的紧迫形势，采取措施积极作为。

（1）中、俄等高端对手人工智能军事应用威胁严峻。2018 年 12 月，国防部首席信息官迪西向众议院武装力量委员会新兴威胁与能力小组委员发表证词称，目前中、俄正在大幅投资人工智能的军事应用，这将极大威胁美国的技术优势和作战优势，美国国防部及其盟国和合作伙伴必须利用人工智能来保持其战略地位，决胜未来战场。该小组委员会主席伊莉斯·史提法尼克认为，近年来俄罗斯的基础研究预算增长近 25%，中国也出台了国家层面的科技发展规划，计划到 2030 年在人工智能领域引领全球。这就要求美国制定自上而下、由政府主导的规划，为工业部门、学术界和社会机构的战略合作制定发展路线图并提供相关资源。

（2）人工智能拥有巨大军事应用潜力。联合人工智能中心首席架构师兰登·麦克德称，人工智能是国防部的一项战略优先事项，将改变国防部的运行方式和作战样式，今后可能在装备维护、环境感知、人员训练与保护、网络防御、后勤作战，以及人道主义援助与灾难响应等方面对国防部产生重大影响。作为国防部成立人工智能中心的首倡者，国防创新委员会（DIB）建议整合国防部人工智能研发活动、加快人工智能工具在国防部范围内的应用，并从根本上解决人工智能应用的道德问题，为人工智能与作战能力的深度融合奠定基础。

二、美国国防部加速推进联合人工智能中心建设

为加快人工智能技术发展，美国国防部时任常务副部长沙纳汉于 2018 年6 月发布备忘录，正式成立联合人工智能中心。备忘录要求国防部首席信息官迪西与各军种、联合参谋部及作战司令部进行磋商，提交 2018 和 2019 财年资源分配计划及人员配置需求；在备忘录签发后 30 天内提交一份“国家任务倡议”（NMI）初步清单，清单中列出的倡议在随后 90 天内

启动。同时，空军的“算法战跨职能小组”（即“专家工程”）项目转至联合人工智能中心，该项目主要利用人工智能分析无人机提供的全动态视频，用于对抗“伊斯兰国”恐怖组织。

（1）总体目标。根据备忘录，联合人工智能中心的总体目标是加速人工智能赋能的新能力交付、拓展人工智能在国防部的影响，以及同步国防部开展的各项人工智能活动。

（2）三大主题。根据12月11日发布的国会证词中，迪西详细阐述了联合人工智能中心近期三大工作主题。第一，快速交付人工智能赋能能力。中心将与国防部团队合作，系统地对任务需求进行识别、优先级排序和甄选，并快速实施具有价值和发展前景的一系列应用。第二，实现AI规模化应用。中心早期项目具有双重目的：一是向终端用户交付新型能力；二是增量研发有利于扩大人工智能在国防部应用的关键通用基础，如共享数据、可复用工具、数据库、标准及人工智能云和边缘服务。这些项目研发的能力和通用基础将为人工智能在国防部的规模化应用奠定坚实基础。第三，打造中心运行团队。中心目前人员配置近30名。今后，将吸引和培养一批世界一流的任务驱动型人工智能人才，包括来自各军种、各部门及工业界的人才。

（3）四大举措。根据备忘录，联合人工智能中心将采取四大举措实现总体目标和执行国防部2018年6月颁布的人工智能战略。第一，发起大规模活动（即“国家任务计划”），利用人工智能解决一系列密切相关的、紧迫的、共同的挑战。第二，建立国防部范围内应用人工智能的通用基础，实现人工智能赋能能力的快速交付及其在国防部范围内的规模化应用。第三，加强合作伙伴关系、强调关键需求、解决能够应对紧急作战需求的问题，以及通过与政府部门、工业部门及其他战略合作伙伴开展合作，使人工智能技术适应新情况、解决新问题。第四，会同国防部长办公厅制定人工智能开发与交付的管理框架及标准。

（4）机构情况。中心管理团队主要由1名主任和1名首席架构师组成。空军中将杰克·沙纳汉2018年12月被任命为该中心主任，其汇报上级是国防部首席信息官，此前他曾在国防部情报副部长办公室担任国防情报（作战人员保障方向）主任并领导“专家工程”项目。布兰登·麦克德担任首席架构师，此前他曾主管国防创新小组（DIU）机器学习团队，后来也参与了“专家工程”项目。截至目前，中心共有30名军职和文职人员，未来两年预计将增至200人左右。中心分支机构的办公地点将分布于合作伙伴大学。

（5）项目分类。中心开展的人工智能项目分为“国家任务计划”（NMI）和“部门任务计划”（CMI）两类。其中，“国家任务计划”以《国防战略》中的关键作战问题或上级部门下达为主，旨在解决紧迫的作战或业务改革问题，由中心推动开展，各军种协同推进。中心将组建多个跨职能小组（该小组由JAIC的人员和国防部领域专家组成），执行各“国家任务计划”。

“部门任务计划”旨在利用人工智能解决各部门所面临的问题。中心将通过与国防创新小组等部门密切合作，利用数据库、云基础设施及最佳案例，加速人工智能技术部署。未来，中心将围绕感知、预测性维护、人道主义援助/灾难救援，以及网络感知等领域推进项目实施。

（6）运行模式。作为国防部人工智能活动的枢纽，中心负责协调国防部范围内所有价值超过1500万美元的人工智能项目，通过成立跨职能小组的形式与各军种、联合作战部队、商业部门及学术界开展合作，并负责同步国防部已在进行的相关活动，避免重复建设，推动人工智能能力的研发与交付。目前，中心已经与各军种和主要机构形成了强大的合作伙伴关系。合作单位包括网络司令部、陆军人工智能专业工作组、国防创新小组、国防高级研究计划局（DARPA）及战略能力办公室（SCO）等。合作研发项目包括利用人工智能进行网络防御、装备预测性维护、改进人工智能集成能力等。

中心初期运行参照“专家工程”模式开展，即各军种提出可利用人工智能解决的问题，中心负责协调计算资源、承包商和学术机构等，最后主要依靠承包商和第三方研发人工智能解决方案。针对需要交付的人工智能能力，“专家工程”项目已经开发了一整套数据、工具和基础设施，以及用于采办、试验与鉴定，以及作战评估的初步范式。

（7）预算情况。根据国防部2018年提交国会的预算文件，国防部计划投入500万美元用于成立JAIC，并计划在2018财年为新项目投资7500万美元。这些资金将确保2019财年上半年至少有两个项目能够按照“专家工程”的交付办法和项目进度实现作战解决方案的快速研发与部署。2018财年开展的人工智能计划包括利用人工智能增强预测性维护以及演示验证人工智能在兵棋推演中的战略推理能力。目前，国防部已向国会申请17亿美元，推动中心未来5年快速发展。

三、几点认识

当前，以人工智能为核心的前沿科技快速发展。为保持同中、俄等战略对手的竞争优势，美国国防部成立联合人工智能中心具有重要的意义。该中心的设立能够广泛整合利用工业部门、商业界和学术界的科技优势，为美国人工智能快速发展提供有力支撑。

（1）有利于国防部人工智能战略的贯彻实施。根据 2018 年美国《国防战略》，国防部于 2018 年 6 月颁布《人工智能战略》，作为负责协调和监管国防部人工智能活动的专职机构，联合人工智能中心的成立有利于国防部人工智能战略的贯彻实施，确保先进人工智能能力的快速交付及部署。

（2）形成了人工智能能力研发与部署远近期互补的格局。联合人工智能中心负责国防部人工智能项目全寿命周期活动，重点解决近期人工智能项目的执行、实验及作战应用等问题，以满足当前的需求。这与负责研究与工程的副国防部长的相关职能互相补充，后者重点关注基础研究、长期技术开发及创新型概念，从而在人工智能能力的研发与部署方面形成了远、近期互为补充的格局，可有效响应美军对人工智能赋能能力的远、近期需求。

（3）通过军民协同快速推动人工智能军事应用。除与各军种、国防创新小组开展密切合作外，联合人工智能中心还积极建立与工业部门、商业界及学术界的合作伙伴关系，充分利用后者的科技优势和研发能力为其研发所需的能力，加速成果转化，快速推动人工智能的军事应用，并由此形成良性循环，有效促进人工智能生态的良性循环发展。

（军事科学院军事科学信息研究中心　申森　魏俊峰）

美军与谷歌合作开发军事人工智能技术

2018 年 2 月底，谷歌公司在内部邮件中披露，谷歌已加入美国国防部“专家工程”（Project Maven）项目，正与美军合作开发军事人工智能技术。该消息引起数千名谷歌员工的抗议；5 月中旬，因谷歌公司拒不退出该项目，10 余名公司员工愤然辞职。同时，国际机器人武器控制委员会数百名专家发表联名信，要求谷歌退出军方项目并承诺不开发军事技术。“专家工程”是美国国防部为加速人工智能军事化应用而开展的项目，谷歌对该项目的参与，将推进美军引进商业人工智能技术创新，相关动向值得持续关注。

一、项目概况

2017 年 4 月 26 日，时任美国国防部常务副部长罗伯特·沃克签署“成立算法战跨职能小组”备忘录，并实施“专家工程”，目的是加速推进国防部整合大数据和机器学习技术，以更快的速度将海量数据转变为可供作战使用的情报，提高情报处理能力，维持美军作战优势。该项目的首要应用领域是情报分析，未来将进一步支持网络战、电磁频谱战以及导弹防御预警等需要快速做出反应的作战行动。

（1）组织管理。“专家工程”由“算法战跨职能小组”（AWCFT）负责实施，美国国防部情报副部长对 AWCFT 进行监管，其下属负责作战人员支持的国防情报主管担任 AWCFT 负责人。美国国防部情报副部长以及来自联合参谋部、军兵种、国防部总法律顾问办公室等部门的高级代表组成 AWCFT 执行指导小组，负责该项目的监督工作。

（2）研究内容。“专家工程”的首个任务是，运用人工智能、大数据、计算机视觉及模式识别技术，分析大量无人机视频以追踪恐怖分子。这将提升美军对无人机全动态视频的自动化处理能力，减轻人力负担，产生更多有价值的情报，提高军事决策水平。该项目将首先提供计算机视觉算法，用于目标探测、分类及预警，后续将引入更先进的技术。在自动化信息处理方面取得初步成功后，“专家工程”将优先把相关技术融入其他国防情报任务领域。

（3）项目进展。2017 年 10 月 26 日，“算法战跨职能小组”首次公开披露项目进展，指出项目已开发出首个“专家”算法，另有四个算法处于准备测试阶段。2017 年 12 月初，美国情报分析人员在中东一个秘密地点，使用含“专家”算法的计算机，对“扫描鹰”无人机所拍视频开展了识别工作。试验开始仅几天，计算机对人员、车辆、建筑等物体的识别准确率便达到 60%，一周后提升到 80%。试验中，项目团队将“专家”算法与海军及海军陆战队的“米诺陶”系统（一种地理信息应用系统）结合起来，运用“专家”算法识别物体并对其进行追踪，然后再利用“米诺陶”系统获得地理坐标，将位置显示在地图上。这种结合既提升了态势感知，又节省了分析人员的人力和时间消耗。2018 年，项目团队计划将算法进一步应用于大型无人机视频数据的自动分析，在年底之前部署于“捕食者”“死神”等无人机。

二、谷歌人工智能技术军事化应用分析

商业界正处于人工智能技术创新前沿，美军认为有必要借助商业界灵活的创新能力，加快推进人工智能的军事化应用，以维持军事竞争优势。在“专家工程”中，谷歌向美国国防部提供了机器学习训练平台 TensorFlow 的应用程序编程接口（API），使美军能利用 TensorFlow 开源技术，进行机器学习训练，分析无人机采集的视频片段并迅速识别感兴趣的目标。

谷歌人工智能技术的潜在军事应用包括：①情报、监视与侦察。帮助美军识别、分析无人机捕获的视频数据，减轻分析人员的认知负荷，加速目标识别与分析过程，有助于实现美军无人机的精确打击能力。预计 TensorFlow系统未来或拓展用于地面无人战车和无人舰船等自主系统的视频数据识别与分析。②自主系统智能辅助决策。随着人工智能技术的进一步发展，TensorFlow 系统或可用于为自主系统提供智能辅助决策。③杀伤性自主武器系统。杀伤性自主武器系统需要先进的计算机视觉技术和机器算法来分类敌对目标、做出交战决策并指示武器摧毁目标，Tensorflow 系统具有这种应用潜能。

三、几点认识

一是谷歌事件反映了人工智能技术军事化应用存在争议。人工智能快速发展在提升军事能力的同时，也在扰乱、破坏现有军事平衡，“杀人机器

人”以及人工智能“军备竞赛”中展示的先进技术，开始引起人们对人工智能可能产生风险的恐惧。如果作战环境、条件的演变不符合智能算法的预期分析，那么人工智能系统越复杂，产生的风险就会越大；人工智能系统一旦被敌方干扰或控制，则产生的破坏性更大。因此，对人工智能技术军事化应用所带来的潜在风险应当高度关注。

二是人工智能潜在风险并不会阻止美军将其军事化应用的进程。谷歌爆发员工抗议事件，相比参与美军“专家工程”的众多公司相比，只是个案，且事件发生后，谷歌公司公开表示将继续与美军开展合作；国际机器人武器控制委员会是非政府组织，其发布的联名公开信没有约束力。虽然人工智能技术军事化应用的风险与利益并存，前景仍有待观察，但美国已将发展人工智能技术提升到国家战略高度。为抢占未来战争制高点，维持其军事实力世界领先地位，美军推进人工智能军事化应用的进程只会不断加快。

三是美国国防部“专家工程”的开展模式值得关注。虽然“跨职能算法战小组”2017 年 4 月才成立，但 2017 年 12 月美军在与中东“伊斯兰国”恐怖分子的行动中，就已开始利用采用“专家”算法的计算机分析无人机捕获的视频数据。在半年左右的时间内快速完成先进商业技术的采办与部署，这种跨领域合作、灵活采办、快速作战的模式，对于推进颠覆性技术军事应用具有借鉴意义。

（军事科学院军事科学信息研究中心
杨俊岭　申森　张珂　高原　吴海）

美国发布促进商业航天发展政策指令

2018 年5 月24 日和6 月18 日，美国总统特朗普签署2 号航天政策指令（SPD2）——“简化商业利用航天的监管”和 3 号航天政策指令（SPD3）——“国家空间交通管理政策”，SPD2 直接要求对现有商业航天的政府管理机制及框架进行改革，确保美国在商业航天领域的领先地位；而 SPD3 虽然看似只是讨论空间交通管理，与商业航天没有直接关系，但其很多内容都与商业航天直接有关，同样也是促进商业航天发展。

一、背景

特朗普早在竞选时就主张鼓励商业航天发展，以提振美国经济发展和扩大国内就业。在其上任后，特朗普采取了一系列措施，鼓励商业航天发展。2017 年2 月，特朗普要求 NASA 组建研究团队，研究如何实现从国际空间站到商业空间站的无缝、低风险过渡以及起草“太空产业化倡议”，以重视经济增长和增加就业岗位；2017 年6 月30 日，特朗普签署总统令，重新设立国家航天委员会，从国家层面对载人航天、商业航天与军事航天进行顶层规划，该委员会将下设“用户咨询小组”，由参与航空航天活动的工业界及其他非联邦政府代表组成，作为智囊团为美国航天发展建言献策。在国家航天委员会的推动下，特朗普于2017年12月签署1号航天政策指令（SPD1），要求美国重返月球；而随后签署的SPD2和SPD3，也是该委员会经过多次研讨得出的结论。

二、SPD2指令的主要内容

SPD2要求美国国务院、国防部、商业部、交通部、国土安全部、劳工部、国家情报局、（白宫）行政与预算办公室、国家安全事务主席助理、美国航空航天局、（白宫）科学与政策办公室、负责国土安全和反恐事务的总统助理、美军参谋长联席会议主席等机构，采取措施简化商业航天监管、促进其发展，确保美国商业航天的领先优势。该指令从政策、发射与再入许可证、商业远程遥感、商业部机构调整、无线电频谱、出口许可证管理等6个方面提出具体要求。

（1）政策。要求政府各机构要通过各项法规实现促进经济增长，减少纳税人、投资者和私人企业的不确定性，保护美国国家安全、公共安全和外交政策利益，以及确保美国在商业航天领域的领导地位。

（2）发射与再入许可证。交通部长应于2019年2月1日之前完成商业航天飞行发射与再入许可证相关管理规定的审查，对不合适的规定进行删除或修订；对所有类型的商业航天飞行发射和再入操作实行单一许可证制度；国防部、交通部、NASA协同对联邦政府中和商业航天发射与再入相关的需求、标准和政策进行审查，以在不危及国家和公众安全的前提下简化需求。

（3）商业遥感。该指令签署 90 天内，在国务院、国防部、NASA 和联邦通信委员会的支持下，商业部应该完成“1992 年陆地遥感政策法”的审查与修订；在审查与修改完成 120 天内，商业部应向管理和预算办公室提出一项新的立法建议，以鼓励扩大商业遥感活动的许可。

（4）商业部机构调整。该指令签署 90 天内，商业部应成立一个新的“一站式”机构，专门负责商业航天飞行相关活动的管理。

（5）无线电频谱。该指令签署 90 天内，在联邦通信委员会与国家航天委员会的支持下，商务部和科技与政策办公室联合向总统提交一份报告，研究如何通过无线电频谱政策、管理和美国在国际电信联盟与其他多边论坛上的活动来提高美国航天企业全球竞争力。

（6）审查出口许可证管理。要求国家航天委员会启动一项影响商业航天飞行活动的出口许可管理的审查，并在 180 天内提出修改意见。

三、SPD3 指令的主要内容

SPD3 要求美国国务院、国防部、商业部、交通部、国土安全部、国家情报局、（白宫）行政与预算办公室、国家安全事务总统助理、美国航空航天局（NASA）、（白宫）科学与政策办公室、负责国土安全和反恐事务的总统副助理、美军参谋长联席会议主席等机构，采取措施建立空间态势感知数据开放式架构，以促进空间态势感知数据的更大程度共享；同时建立空间交通服务管理框架，以实现空间环境的安全、稳定和可持续。

（1）政策。目前空间正变得越来越拥挤和竞争，这给美国的空间活动的安全性、稳定性和可持续性带来挑战。为保持在空间的领导地位，美国必须为空间交通管理制定新的途径以消除在当前和未来空间活动的风险。这种新途径必须优先关注空间态势感知（SSA）和空间交通管理（STM）领域科学与技术的创新，充分考虑国家安全因素，鼓励美国商业航天产业发展，建立现代化空间交通管理体系，推动国际社会建立空间安全标准和最佳实践。

（2）空间交通管理相关的4大原则。美国认可并鼓励其他国家也认可以下4条原则：①安全、稳定和可持续性，是所有商业、民用和国家安全空间活动的基石，创造安全、稳定和可持续的空间环境，是所有航天相关国家共同的利益和责任；②及时、可行动的空间态势感知数据和空间交通管理服务对空间活动十分必要，在不影响国家安全的前提下，由美国政府所有的空间态势感知基础数据和空间交通管理基础服务，应该供用户免费使用；③轨道碎片对空间活动的威胁越来越严重，应定期修订碎片减缓准则、标准和政策，在美国国内实施并向国际社会推广，以减少轨道碎片不利影响；④一整套空间交通管理框架应包括最佳实践、技术指导、安全标准、行为规范、发射前风险评估和在轨防撞服务等内容，该框架对于实现可持续性的空间运行环境十分重要。

（3）美国政府部门的9大目标。根据上述4条原则，美国的执行部门和机构应当追求以下9大目标：①推进空间态势感知和空间交通管理的科学与技术发展；②减轻轨道碎片对空间活动的影响；③鼓励并实现美国在科学与技术、空间态势感知和空间交通管理等领域的商业领导力；④向公众免费提供美国政府的空间态势感知基础数据和空间交通管理基本服务；⑤提高空间态势感知数据的兼容性，实现更大程度的共享；⑥制定空间交通管理标准和最佳实践；⑦防止非故意的射频（RF）干扰；⑧改进美国空间物体登记制度；⑨制定未来美国轨道操作的政策和准则。

（4）应遵循3大准则。为实现目标，美国的执行部门和机构应遵守以下准则：

一是确保空间运行环境的完整性，包括提高空间态势感知的覆盖范围和准确性；建立开放式架构的空间态势感知数据库，商务部负责管理该数据库，国防部继续提供可公开的空间态势感知基础数据，同时吸纳民用、商业、国际和其他可用数据；继续减少轨道碎片。

二是在拥挤的太空环境中进行活动，包括：建立空间运行的最低安全标准，以确保美国空间活动的安全开展；提供在轨防撞支持服务，由商业部负责非国家安全用卫星的防撞服务。

三是建立全球背景下的空间交通管理战略，包括：制定防止轨道交会的协议；加强无线电频谱管理与防干扰。

（5）美国各个部门职责为实现原则和准则，联邦各部门职责是：国家航天委员会负责促进空间态势感知和空间交通管理的科学与技术发展。NASA应与国务院、国防部、商务部、交通部和国家情报总监合作，并与联邦通信委员会协商，定期更新《美国轨道碎片缓减标准做法》，并制定新的卫星设计和运行准则。商务部与国防部、交通部、NASA、国家情报总监合作，提升美国商业航天在空间态势感知和空间交通管理科技的领导力；制定开放式架构数据库的标准和协议，以改进空间态势感知数据兼容性并实现更大程度数据共享；防止非故意的射频频率干扰。国防部和商务部与国务院、交通部、NASA以及国家情报总监合作，继续向公众提供空间态势感知基础数据和空间交通管理基础服务；研究制定美国未来的轨道运行的政策和规定；制定包括技术准则、最低安全标准、行为规范等的空间交通标准和最佳实践。

四、几点看法

一是2号和3号指令将推动美国商业航天快速发展。对于美国而言，以总统指令的形式要求众多政府机构同时改进对商业航天的监管实属罕见。SPD2指令比较明确的改进政府监管的内容有两个，一是对所有类型的商业航天飞行发射和再入操作实行单一许可证制度；二是要求商业部成立商业航天“一站式服务”机构，其余则都是要求各个相关部门在一定期限内完成。

对于SPD3，则是将原先只属于军方控制的空间态势感知与空间交通管理领域全方位向民用和商业开放，鼓励商业和民用力量积极进入。首先是国家政策层面，首次提出商业航天力量要进入空间态势感知（SSA）和空间交通管理（STM）这两个领域，以促进其科学与技术的发展；其次在政府管理层面，将实现美国在科学与技术、空间态势感知和空间交通管理等领域的商业领导力作为政府工作的9大目标之一，明确要求政府简化流程、减轻监管，避免阻碍商业发展与创新，使美国商业部门能够在空间交通管理技术、产品、数据和服务等国际市场担当领导角色；再次是具体实施层面，要求商业力量积极进入空间态势感知领域，从而为军用和民用的空间态势感知提供补充；最后是辅助支持层面，将空间态势感知与空间交通管理的职能由国防部部分移交给商业部，更方便实现数据共享与商业力量的介入。

可以预见，在这两个指令发布后，各个政府机构都在密集出台促进商业航天发展的一系列制度，甚至是立法，这无疑对已经世界领先的美国商业航天更是大大的促进。得到政府的助推和解决后顾之忧，美国商业航天将会得到全方面的加强，发展将更加蓬勃。

二是美国积极发展商业航天旨在确保其商业航天及整体航天的世界领导力。美国一直追求在航天领域的世界领导地位，发展商业航天同样也是服务这一目标。在SPD2中，明确提出指令的目标就是“确保美国在商业航天领域的领导地位”；在SPD3中，也强调要求“美国商业部门能够在空间交通管理技术、产品、数据和服务等国际市场担当领导角色”，同时多次出现“确保航天的领导地位”“领导世界”等字眼，其实质都是希望通过商业航天在国内特别是国际上的发展，继而带动在国际上推行美国自己制定的标准、规范与准则等，从而实现按照美国制定框架进行实施空间活动，以确保美国在空间的利益不受到损害，同时压制主要对手的空间活动与技术能力发展。

三是商业航天将为美国未来的载人及军事航天发展发挥巨大作用。得力于深厚的技术与资源基础，加之政府的大力支持，美国的商业航天发展进步显著，不仅带来了巨大的商业价值，而且极大促进了传统政府主导下的载人航天和军事航天的发展。目前，商业航天几乎在美国的载人航天中占据半壁江山，近地轨道货物运输完全由商业航天完成，载人运输能力也将在近几年内具备，而到了 2025 年国际空间站又将交由商业航天，届时近地轨道的所有载人活动都由商业航天来承担。此外，商业航天还积极向月球、火星等深空探索不断拓展，不仅 NASA 将深空探索的发射任务明确表示交由商业公司负责，而且商业公司如 SpaceX 公司、蓝源公司还在自筹开展火星与月球开发计划，与 NASA 主导的深空探索形成互补，预计未来的月球开发将更多出现商业航天的身影，甚至可能早于 NASA 实现火星登陆与开发。而对于军事航天更是如此，所有运载系统及卫星载荷都由商业航天力量承担，且商业公司如 SpaceX 已打破联合发射联盟垄断军用航天发射市场的局面，并且发射份额正不断扩大；对于空间控制领域，通过 SPD3，商业公司也将慢慢开始参与空间态势感知与空间交通管理，未来预计将与商业对地观测类似，直接为军事航天行动提供支持。

（军事科学院军事科学信息研究中心　廖小刚）

美国发布国防部网络战略更大范围使用民用能力

2018 年 9 月 18 日，美国国防部公布了《2018 年国防部网络战略》(以下简称《战略》)摘要，这是美国国防部近 3 年来发布的第一份网络战略文件。《战略》指出，中国和俄罗斯是其网络空间的“长期战略竞争对手”；要求无论是在军事冲突或和平时期美国军队都要加强网络空间能力，增强攻击性网络行动的军事杀伤力和效力，为未来冲突做好准备。

一、出台背景

《战略》称，美国正与中国、俄罗斯进行长期战略竞争，这一竞争已延伸至网络空间，对美国及其盟友、合作伙伴构成了长期战略威胁。中国通过获取美国公私部门的敏感信息，侵蚀美国的军事优势和经济活力。俄罗斯利用网络活动影响美国公民并挑战美国的民主进程。朝鲜、伊朗等国家也利用恶意网络活动伤害美国公民并威胁美国利益。美国日益依赖网络空间行使各种重要的民事、军事职能，在全球范围内，恶意网络活动的规模和速度不断扩大，这对美国来说是一种紧迫且不可接受的风险。鉴于此，国防部必须采取行动，以保持美军优势并维护美国利益。

二、明确网络空间战略竞争应对举措及目标

（一）网络空间战略竞争应对举措

《战略》认为，美国的竞争对手正在通过各种网络活动削弱美国的军事优势，威胁美国的关键基础设施。为应对这些网络威胁，美国国防部主要采取两大举措：①通过提前识别、破坏并削弱威胁美国利益的网络活动，保护国防关键基础设施和国防工业基地的网络、系统及信息不受恶意网络活动的攻击，加强主要潜在受攻击目标的网络安全与弹性；②与美国政府其他部门、机构、盟友及合作伙伴密切合作，提升网络安全，扩大联合网络空间行动，加强双向信息共享。

（二）网络空间目标

《战略》明确国防部网络空间五大目标：①确保联合部队能在对抗性网络环境中完成任务；②开展网络行动，提升美军优势，强化联合部队能力；③保护美国关键基础设施不受恶意网络行为攻击；④确保国防部信息（包括非国防部所辖网络的信息）和系统安全不受恶意网络活动影响；⑤促进国防部与各机构、行业和国际伙伴开展更多网络合作。

三、提出确保网络空间安全的战略措施

（一）建立杀伤力更强的联合部队

（1）加速网络能力开发，着重部署可扩展、多样化、适应性强的网络

能力，为联合部队指挥官提供最大的灵活性。

（2）保持创新，获得比敌方更强的敏捷性，以跟上网络空间威胁及技术的快速发展步伐。

（3）利用自动化和大规模数据分析，识别不同网络和系统中的恶意网络活动。

（4）应用经优化后可供国防部使用的现有商业网络能力。

（二）网络空间竞争与威慑

（1）利用一切国家权力工具，慑阻对手威胁美国、盟友及合作伙伴的恶意网络活动。

（2）通过提前防御拦截并制止网络威胁，及加强国防部网络系统的网络安全，以对抗威胁美国军事优势的网络活动，防止国防部敏感信息泄露。

（3）通过与其他政府部门及私营部门合作、简化公私信息共享机制，降低恶意网络活动攻击美国关键基础设施的风险，提高其弹性。

（三）强化联盟并拓展国际合作伙伴关系

（1）私营部门拥有美国大部分网络基础设施，在网络空间领域发挥关键作用，国防部将与私营部门建立合作关系，共同促进网络安全。

（2）与国际伙伴建立合作关系，充分利用盟友及合作伙伴的先进网络能力与资源，加强美国与盟友及合作伙伴的信息共享，提高联合网络空间作战效力，并促进网络安全态势。

（3）加强网络空间责任国自愿、非约束性的行为规范，积极落实网络空间的国际承诺，并制定、实施“网络信心建设”措施。

（四）改革国防部

（1）将网络意识纳入国防部制度文化。国防部将调整其制度文化，提高各级人员对网络空间的认知，以充分理解其决策对网络安全的影响，并利用网络空间获得战略、作战和战术优势。

（2）加强网络安全问责制。强化整个国防部的网络安全意识及问责制，以减少国防部网络的“攻击面”。国防部将要求内部人员及合作伙伴对各自的网络安全行为承担责任。

（3）寻求经济、灵活、稳健的解决方案。国防部将缩短软、硬件的采办时间以跟上技术快速发展的步伐，并采办可扩展服务（如云存储和可扩展计算能力）以确保国防部网络系统与现代化商业信息技术保持同步。④拓展漏洞识别的众包模式。国防部将继续通过众包活动（如“编程马拉松”和“漏洞识别大奖赛”）识别漏洞并促进创新。

（五）人才培养

（1）维持战备网络人才队伍。在维持现有网络人才队伍的基础上，国防部将继续培养未来型人才，为网络人才的技能、职业发展提供大量机会，维持整个军用和民用网络人才队伍，并优化各军事部门的人员轮换制度。

（2）加强国家网络人才培养。国防部将与其他政府部门及机构进一步在全美初级、中等教育层次上推广科学、技术、工程、数学和外语（STEM－L）学科教育。国防部还将与企业和学术界合作，制定培训、教育和网络安全意识方面的标准，以推动网络人才培养。

（3）将软、硬件专业知识作为国防部的核心竞争力。国防部将为计算机科学相关专业人士（包括硬件工程师、软件开发人员和数据分析师）建立职业发展路径，以吸引高科技网络人才。

（4）建立尖端网络人才管理计划。国防部将建立网络人才管理计划，为尖端网络人才提供培养技术能力的集中资源和机会；并通过竞争机制，筛选出国防部的顶级网络专家，并委任他们解决国防部最棘手的问题。

四、几点看法

与美国《2015 年国防部网络战略》相比，本次《战略》有 5 大变化应引起重视。

一是提出更强硬的网络威慑政策。《战略》认为，美国目前面临的主要风险不是敌方的恶意网络行动，而是政府的不作为，因此国防部应敦促“向前防御”，寻求从源头上制止恶意网络活动，实施“先发制人”的政策。该政策实质上授予美国军方发起进攻性网络行动的权力，并扩大了美方的网络行动范围。哥伦比亚大学高级研究学者、前白宫网络事务官员杰森·希利认为，该授权允许美国国防部可以自行采取行动，甚至可以攻击友好国家的网络空间，这将非常危险。

二是积极主动应对日常网络空间的竞争。《战略》认为，美国绝不能再对日常性的网络攻击“袖手旁观”，必须在武装冲突水平之下的日常网络冲突中坚定地捍卫美国的网络空间利益，以维持美国的军事优势。这主要是基于美国对处于武装冲突阈值之下网络活动的担忧，如网络间谍、信息泄露等。这将极大区别于 2015 年网络战略中规定国防部以防御为重点，而是执行更广泛、更积极的网络空间竞争任务。

三是公开表示将在网络空间采取军事和情报行动。《战略》称，为应对危机和冲突事件，国防部将开展网络空间行动以收集情报、准备军事网络能力。在战争期间，美国网络部队将配合海军、陆军、空军及太空力量共同作战，打击敌方弱点、抵消对手优势。《战略》还提出，由于对手军事力量也依赖网络技术，美国将采用进攻性网络能力以及在冲突全领域开展网络行动来获得军事优势，强调美国网络部队应随时保持“战备状态”。

四是引入企业安全方案与技术。在加强与私营部门合作中，《战略》指出国防部将积极使用网络企业解决方案，在更大范围内使用商业上现有的网络空间能力，以优化国防部的网络空间能力。这是特朗普上台后促进联邦政府技术设施更新换代、加强公私合作的新内容。

五是明确表示遵守联合国网络空间准则。一反特朗普在网络空间特立独行、摒弃多边谈判（特别是联合国机制）的常态，《战略》明确要求美国将加强网络空间责任国的行为规范，赞同联合国信息安全政府专家组（UNGGE）在制定网络空间责任国行为框架方面的工作，如禁止在和平时期破坏民用关键基础设施。但有分析指出，这实则是特朗普政府在网络攻击问题上给予美国军方更多自主权的第二项举措，此前特朗普废除了奥巴马制定的《总统政策指令20》，简化发起网络战的官僚程序，赋予美国网络司令部网络攻击更大的自由。

（军事科学院军事科学信息研究中心　佘晓琼　唐睿）

美国发布国家生物防御战略多部门协作应对生物威胁

2018 年 9 月，特朗普签署第 14 号国家安全总统备忘录，公布美国《国家生物防御战略》（以下简称《战略》）。《战略》包括前言、愿景、意图、威胁与后果、生物风险管理、假设、管理、目标、结论、附件等内容，旨在通过多部门协作和跨学科方法，完善生物防御体系，加强生物事件风险管理，有效应对生物威胁，体现了美国生物防御的新动向。

一、战略背景

《战略》认为，生物威胁是美国面临的最为严重的威胁。这种威胁分为两类：一是自然发生的生物威胁，即传染病可能在全球迅速传播，直接影响美国人口健康、安全和繁荣；二是蓄意和意外的生物威胁，主要是国家或非国家行为体使用或扩散生物武器，对国家安全、人口、农业和环境构成重大挑战。

《战略》指出，管理生物事件风险，是美国的战略利益。《战略》对生物威胁形势做出了6个基本判断：①生物威胁具有持久性。自然发生的生物威胁持续发展；国家行为体和恐怖组织已认识到生物武器的价值，其技术门槛也在不断降低。②生物威胁来源多样化。包括蓄意的、自然发生的和意外爆发的生物威胁。③传染病无边界。在互联世界中，任何地方的疾病威胁都可能全球扩散。④多部门协作对于预防和应对至关重要。这需要各级政府的参与和协作，涉及医疗、科技、执法、外交等多个部门，此外还应重视与非政府组织和私营部门的合作。⑤多学科方法有助于预防疾病发生。人、动植物与环境相互影响，多学科方法对于早期预防和发现传染病的跨物种交叉传播非常重要。⑥科技在全球的持续推进，既会带来解决方案和医疗进步，也会引发生物技术的恶意滥用。

二、战略意图

《战略》旨在实现特朗普政府《国家安全战略》的目标，基于“生物威胁风险无法降低到零，但可以而且必须得到管理”的理念，强调必须依靠充满活力的生命科学和生物技术体系，从源头上检测和遏制生物威胁，支持生物医学创新，改善应急响应，最大限度地降低生物威胁风险。

《战略》愿景是要积极有效地对各种生物威胁风险进行预防、准备、响应、恢复和减轻。其意图是通过美国政府层面的统一协调，更有效地管理生物威胁的防范和应对活动，同时与国际伙伴、工业界、学术界、非政府实体和私营部门合作，共同开展生物防御工作，保护美国人民免受生物威胁。

三、战略目标

《战略》基于生物风险管理的基本思路，明确提出了生物防御的 5 大类共 23 个具体目标。

一是强化风险意识，为整个生物防御体系决策提供信息。《战略》强调要在战略层面建立生物风险意识，在业务层面预防生物事件。具体目标：①通过情报、预测和风险评估，确保决策可靠；②确保国内和国际生物监测与信息共享系统相互协调，及时对生物事件进行预防、检测、评估、响应和恢复。

二是确保生物防御体系的能力，防范生物事件。《战略》强调要预防自然疾病，减少实验室事故，加强生物安全。具体目标：①加强相关措施，预防或减少自然发生的传染病传播；②强化全球卫生安全保障能力，防止局部地区的生物事件变成流行病；③通过慑止、检测、削弱、破坏等方式，阻止国家和非国家行为体获取、使用生物武器、相关材料或投送工具；④加强生物安全实践及监管，降低生物事件风险。

三是确保生物防御体系做好准备，减轻生物事件的影响。具体目标：①维持充满活力和创新的国家科技基础，支持生物防御；②确保强健的公共和兽医卫生基础设施；③制定、实施并更新关于预防、响应和事后恢复的计划与能力；④制定、实施并更新风险沟通机制，促进信息传递的一致性，为关键受众提供信息，加快应对行动，消除公众的不确定性和恐惧心理；⑤通过医疗对策加强预防，拯救生命；⑥通过社区减缓措施，限制疾病传播；⑦加强预防，支持生物污染物净化；⑧加强在美国各地开展业务和协作的准备；⑨加强国际预防，支持国际响应和恢复能力。

四是确保快速响应，限制生物事件影响。具体目标：①汇编和分享生物威胁与生物事件信息，为各级地方政府、非政府组织、私营部门和国际机构的决策与应对提供参考；②与相关的非联邦行为体协调开展联邦应急行动，遏制、控制并迅速缓解生物威胁或生物事件的影响；③开展调查，采取措施，追究肇事者的责任；④及时、准确地向公众传达风险信息。

五是促进事后恢复，消除生物事件对社会、经济和环境的影响。具体目标：①促进关键基础设施的恢复，使美国能重新开展重要活动；②协调联邦、各级地方政府以及国际、非政府和私营部门合作伙伴的恢复行动，实现有效和高效的事后恢复；③提供恢复支援并开展长期缓解行动，提高应对生物威胁的弹性；④降低国际生物事件在全球经济、健康和安全方面引发的连锁反应。

四、战略举措

《战略》要求设立生物防御指导委员会，并建立专门机制，以协调联邦政府的生物防御活动，持续评估战略实施效果。生物防御指导委员会由卫生与公众服务部长担任主席，成员主要包括国务卿、国防部长、司法部长、农业部长、退伍军人事务部长、国土安全部长和环境保护局长。

在美国总统的领导和总统行政办公室国家安全委员会的协调下，卫生与公共服务部长负责《战略》的日常协调和执行。生物防御指导委员会主席将作为联邦政府战略执行的牵头人；总统国家安全事务助理则作为政策协调和审查的牵头人，对联邦政府的生物防御工作提供战略投入和政策监督。

（军事科学院军事科学信息研究中心　薛晓芳）

美国借鉴商业领域的经验做法转变软件开发与采办模式

2018 年 2 月，美国国防科学委员会发布《国防系统软件设计与采办》报告，认为美国国防部应转变传统的瀑布式软件开发方法，采用商业界先进的迭代式软件开发方法，并为此提出 7 条建议。2018 年 4 月，美国国防部创新委员会公布“软件十诫”文件，为国防部软件采办提出了 10 项建议，借鉴商业领域的经验做法，推动软件开发、采办模式与采办程序改革。

一、研究背景

（1）国防系统软件复杂性提高。软件在武器系统中的重要性不断上升。然而，网络安全、日益增强的功能（尤其是人工智能和自主性）以及对网络化系统的迫切需求，使软件密集型项目越来越复杂，研发难度加大。武器系统平台（如 F－35 战斗机和“宙斯盾”指控系统）以及后勤系统等均面临这种挑战。

（2）威胁快速演变。在威胁不断变化的复杂环境下，美国国防部需从基于能力的采办模式转为基于威胁的采办模式，通过快速持续的软件和系统更新，来维持技术优势，应对对手快速发展的能力。

（3）国防系统软件开发模式落后。商业软件开发已取得长足进步，当前主要采用迭代式开发方法；而国防系统软件开发仍沿用20世纪70～90年代的瀑布式开发方法。美国国防部重大采办项目饱受软件开发问题困扰，导致严重的进度延期、成本超支，甚至在某些情况下造成项目取消。

二、研究要点

国防科学委员会《国防系统软件设计与采办》报告研究了美国国防部软件开发与采办的现状及问题，分析了软件开发与采办的特点，提出了改革建议。

（1）软件开发与采办具有迭代式开发的特点。瀑布式开发是一个线性过程，严格按照全面确定需求、编写软件、测试和发布的步骤逐个阶段推进软件开发。相比之下，迭代式开发则能执行一系列快速开发迭代，每轮迭代获取用户反馈并调整下一轮迭代目标，可确保产品在整个寿命周期内持续发展，有助于国防部应对当前不断变化的威胁。迭代式开发的起点是创建软件工厂，即采用一系列成熟的软件模块和工具，实现流水线式的软件开发；每轮迭代结束时交付“最低可行性产品”；软件体系结构对功能进行模块化设计，允许后续变更；还利用大规模自动化，产品全寿期持续开发，更高性能、更低成本的计算能力，静态、动态及模糊测试，以及开放源代码等新型工具和技术；可获得快速反馈，对整个代码库进行日常编辑、链接和测试。

（2）迭代式开发在国防系统软件中的应用情况。许多领域的国防系统适合采用迭代式软件开发，包括：平台任务软件、电子战、通信、雷达和发射系统等。此类系统可从能力持续改进和扩展中受益，这对于创造战术优势和应对战略突袭至关重要，尤其是电子战领域的快速软件改进。不太可能受益于迭代式软件开发的领域包括：在使用寿命中很少发生变化的平台控制系统，如数字式发动机控制系统、低级任务关键飞行控制系统，以及处于使用寿命末期的遗留系统等。还有一些系统（如地面控制系统和后勤保障系统）的更新频率介于上述两种情况之间，是否适用迭代式开发取决于软件体系结构的灵活性。此外，采用瀑布式开发方法的项目仍可利用一些迭代式开发技术来改进其开发过程和最终产品。

（3）美国国防部软件开发与采办的现状及问题。美国国防承包商的软件开发项目大部分遵循传统的瀑布式开发模式，还有一些大型项目被分解成多批次开发；但由于国防部文化、内部机制以及合同策略的限制，大体上尚未采用商业界的迭代式开发方法。美国国防部现行采办程序已不适用于迭代式软件开发。报告认为，需改进软件密集型系统的合同策略和激励机制，以促进迭代式开发的落实，包括：将软件开发作为服务来授出合同；将总体成果作为服务来采办（如 SpaceX 公司的航天发射服务）；在固定价格合同的开发项目中采用瀑布式开发与迭代式开发相结合的方法来控制成本。研究表明，国防武器系统采办可以利用迭代式开发技术，正在进行的采办项目无论处于研发、生产还是维护阶段，都应根据其采办策略、系统体系结构和成熟度情况而做出调整。

三、美国国防创新委员会公布“软件十诫”

为使美军能以领先于对手的速度快速开发和部署软件，2018 年 4 月，美国国防部创新委员会公布“软件十诫”文件，为国防部软件采办提出了

10 项建议：①为国防部开发人员和用户提供计算能力、存储和带宽；②所有软件采办项目都应该从小规模开始，反复进行，并建立在之前成功经验的基础上，否则项目必须快速终止。③应构建相关预算方案来支持采购软件的完整、迭代生命周期，其数量与软件的关键性和实用性必须成正比。④为软件系统采用 DevOps 文化，DevOps 是一组过程、方法与系统的统称，用于促进开发（应用程序/软件工程）、技术运营和质量保障部门之间的沟通、协作与整合。⑤推动软件测试自动化，使关键更新能够在数天内得到部署。⑥国防部专用软件系统必须包含源代码。⑦每个包括软件组件的国防部系统都应该有一个本地的国防部软件专家团队。该团队能够通过源代码或 API 访问来修改或扩展软件。⑧为能够修补新发现的安全漏洞，只运行接受常规安全更新的操作系统。⑨数据应始终加密。⑩国防部系统在开发和部署过程中所产生的所有数据都应能被存储、挖掘并供机器学习使用。

四、提出了软件采办改革的对策建议

一是采用软件工厂。将软件工厂的效用作为供应商筛选的关键标准。由美国国防部研究与工程副部长指派相关机构，建立一系列用于评估软件工厂的标准。

二是推行迭代式开发策略。军种采办主管、项目执行官、项目经理以及联合参谋部应联合确定“最低可行性产品”策略，并将采办权授予项目经理以推进落实，同时敦促国会更改法规以支持迭代式开发方法。

三是新项目实施迭代式开发。在项目采办策略中，保留多家供应商以加强风险控制；采用先进的成本与进度评估测量方法；由项目经理构建用于项目状态评估的指标框架；最终通过迭代式开发实现成本降低。

四是现行项目和遗留项目推进开发模式转变。由美国国防部采办与保障副部长指派当前在研项目管理人员，制定向软件工厂和迭代式开发转型的计划；指派已完成开发的遗留项目管理人员，决定是否实施项目转型。对于在研项目，国防主承包商应在当前合同约束下过渡到混合模式，并将迭代式开发纳入长期维护计划。

五是建设人才队伍。各军种采办司令部和国防主承包商应培养掌握现代软件方法技术的专业人才。

六是改进软件维护。对于进入风险降低和全面开发阶段的采办项目，美国国防部研究与工程副部长应下令要求，在项目建议征求书中阐明支持软件工厂的软件框架基本要素，并将这些要素的可用性、成本、兼容性和许可限制等要求，作为授出合同的选择标准之一。

七是加大对机器学习等关键技术的投入。机器学习已成为自主系统等军事系统的重要组成部分，将进一步加剧软件采办的复杂程度。美国国防部研究与工程副部长应指导国防高级研究计划局、国防部实验室等研究机构，围绕机器学习在军事系统中的实际应用建立研究和试验项目；建立机器学习和自主性数据存储库，以收集和分享部署相关数据；并为机器学习系统的研制、验证和部署创建一套方法和最佳策略，包括架构和测试工具。

（军事科学院军事科学信息研究中心　吴海）

美国提倡更多原型化设计加快先进能力引入

样机策略，国内外都不陌生，如今赋予其更重要的地位和时代内涵，是因为它更适应快速原型化和快速部署的军事需要。

一、原型化设计的基本内涵及主要依据

原型化策略或者原型机策略，是一种目的性极强的方法，它使新的系统创意，以及商业技术和优化后的商业技术原型化，并朝着有限生产推进；用于降低技术的不确定性、产生足够信息，支持后续决策的设计与开发活动。这里的原型机并不是装备型号的原型机，而是纯粹的科研活动，是在批产前进行有限的实验与验证，原型机是这个发展过程中的物件。

在国防部的管理层面，美国国防部《更佳购买力3.0》将扩大原型化和扩大实验的应用，纳入采办改革草案，同时，将国防部研究与工程署的快速部署办公室更名为“新兴能力与原型化办公室”，这个办公室提出了原型化科研活动的分类，一类是原理验证型原型化，另外一类是工程研制前原

型化。

当前，美国国防部主要使用两种得到充分认可并经常使用的采办方案：一种是面向重大国防采办计划（详见国防部指示5000.02《国防采办系统的运行》），另一种是面向应急/新兴作战需求（详见国防部指示5000.71）。但是，在同行竞争日益激烈的环境下，国防部需要一个比这两类方案模型更快获得能力的非常规方案。2016财年《国防授权法》提出了另外一种方案，称为“中间层采办”。该条款承认国防部需要对具有前景的技术做出更快反应，这类技术因太过超前而不能宣称为采办计划，但若更快交付，则有能力提供重大作战优势。

负责研究与工程的国防部副部长若想实现将先进能力向作战加速转化，将需要国防部为转化具有前景的能力制定非常规采办方案。步骤1将会被初始化，主要由通过实验、军事演练、技术侦察等确定单个需求（而非复杂要求）的操作员或鉴别机遇的研究人员负责；当额外资源应用于获取数量有限的测试、原型、用户鉴别、作战评估、作战方针等单元时，步骤2将持续；步骤3允许一个成熟的决策点，以决定是否进一步投资以引进更大规模的能力（用于工程和制造开发、作战试验或生产）；或决定是否撤销、持续优化或获取技术并继续推进。该非常规采购方案主要基于国防授权法2016财年《国防授权法》第804节和2017财年《国防授权法》第847节中的条款及原则。

众所周知的国防部指示5000.02采办程序标准，在军种部署重大国防采办项目（MDAPs）以及国防部指示5000.71快速采办程序的过程中，仍然保持应有地位。其中，负责研究与工程的国防部副部长在设置面向军种部署非常规方案的通用政策时，担任着重要的角色。

二、在具体项目层面大胆采用原型化策略

在具体项目层面，美国国防部和美军正在针对部分重要的科研项目，大胆采用原型化策略。2018 年 8 月，美国空军采办主管罗珀将空军定位为新授权的领先用户，并于本月早些时候，采用此章启动了“空射快速响应武器”和“下一代高空持久红外卫星星座”的开发。此外，空军正在考虑将第 804 节用于 B－52 轰炸机发动机更换项目、新型轻型攻击机、F－22 战斗机现代化以及受保护战术体系服务，并努力将第 804 节用于未来垂直起降项目以及定向能、防空和小型导弹的相关系统。通过原型化发展的原型系统，如果比较成熟，实验比较成功，美国人会把它直接转化为装备，而不会走任何一个传统的装备采办流程。

三、快速原型设计的风险

一是新的快速原型设计授权不会消除技术开发的复杂性。曾任国防部负责采办、技术与后勤副部长的弗兰克·肯德尔表示，复杂性和技术难度取决于用户的要求，如果减少需求并简化设计，就可以快速建立一些原型。二是第 804 节没有明确的项目监督规则。第 804 节授权明确规定了采办系统的替代途径，可使项目免除许多现有规则，对希望简化采办监督并加速启动开发项目的人更具吸引力。但该节没有明确的项目监督规则，授权不太可能改变技术发展的难度或内在的权衡需求。随着时间的推移，第 804 节授权的灵活性可能会证明其对某些开发工作具有特殊价值，而针对此类工作则会开发一套更新的监督机制。

四、转向快速原型设计还需多方努力

一是推动装备采办进程，实现将先进能力向作战加速转化。快速原型设计将尽早暴露风险以便及时终止项目，而不会使授权项目建立在可能导致灾难性失败的未证实技术上。二是需要文化变革。技术进步越大，风险越大。决策层如何思考并接受风险，以允许更大的技术进步，这就需要一种文化的变革。更多使用原型设计可在降低风险的同时实现更大的技术进步。提倡更多原型设计，以支持将先进技术引入未来武器系统并降低风险。

（军事科学院军事科学信息研究中心　佘晓琼　李洁　陈健革）

美国国防部加速采纳企业云措施及影响分析

2017—2018 年，美国国防部常务副部长多次发布备忘录，指示国防部加速采纳基于商业解决方案的企业云（这里，“企业云”是指可在美国国防部范围提供服务的云）。与此同时，美国国防部采取一系列举措，从不同角度推进这项工作并取得重大进展。这些措施将推进国防部联合信息环境建设，大幅提升云服务安全性，提高办公效率，增强作战能力。

一、加速采纳企业云的重点举措

（1）发布新版《云计算安全需求指南》，部署“安全云计算体系结构”。2017 年 3 月，美国国防部国防信息系统局（DISA）在对《云计算安全需求指南》1.2 版进行较大幅度修订后，发布 1.3 版。2018 年 1 月，国防部部署“安全云计算体系结构”（SCCA）。该体系结构是一套企业级云安全与管理服务，为托管于商业云环境中影响等级为 4、5 级的数据，提供标准的边界与应用层安全方案。

（2）成立云执行指导小组。2017 年 9 月 13 日，美国国防部常务副部长发布“加速采纳企业云”备忘录，指示在国防部建立云执行指导小组，以制定加速采纳基于商业解决方案的云体系结构和云服务的战略，并监督其执行。随后，该指导小组正式成立，由当时负责采办、技术与后勤的国防部副部长主持，直接向国防部常务副部长报告。2018 年 1 月 4 日，云执行指导小组的组织结构进行了调整，由副首席管理官主持。负责采办、技术与后勤的副国防部长办公室支持该小组的所有工作。2018 年 6 月 22 日，由国防部首席信息官接管国防部的所有云倡议，意味着该小组将由首席信息官主持。

（3）连续举办云研讨会。2017 年 12 月，DISA 举办“2017 年云研讨会”，阐述了国防部云计算“爬、走、跑、飞”的推进策略，介绍了国防部“军事云 2.0”和“现场管理服务”，以及“安全云计算体系结构”，以帮助国防部各实体加速采纳云服务解决方案。来自各作战司令部、各军种和各局的 800 多名任务伙伴参会。2018 年 5 月，DISA 再次举办“2018 年云研讨会”，重点介绍了《云计算安全需求指南》1.3 版，讨论了“如何采办云服务”和“将应用向云迁移”等主题，推动国防部各组成部门采办云服务和向云迁移工作。2018 年 7 月，DISA 又举办“军事云 2.0”专题讨论会，讨论国防部向“军事云 2.0”迁移等相关问题。

（4）启动大型企业云采办项目。主要包括“国防企业办公解决方案”（DEOS）和“联合企业国防基础设施”（JEDI）。其中，前者面向办公系统，支持办公；后者面向作战技术，支持军事行动和作战。①DEOS。其前身是“国防企业邮件”（DEE），2011 年由 DISA 启用。2015 年年底，国防部希望采用功能更强大的系统即 DEOS 予以取代。DEOS 采用商业“软件即服务”的解决方案，除了电子邮件和日历服务外，还将包括电话服务、视频会议、Web 会议，以及聊天、短消息、白板、桌面共享和其他服务，可取代国防部诸多系统，包括国防企业邮件、国防部企业门户服务、国防协作服务等。与传统解决方案相比，“软件即服务”模式效率更高、成本更低、安全性更好。DEOS 项目为期 10 年，预算 78 亿美元。近年来，DISA 一直在推进 DEOS 采办工作，2018 年 5 月已发布征求建议书草案，正式案有望于 2018 财年第 4 季度发布，计划于 2019 财年第 2 季度授予合同。②JEDI。它是云执行指导小组为加速企业云采纳而新启动的关键项目。该项目将采办支持各密级信息的商业云基础设施服务和平台服务的解决方案，将服务于国防部所有组成部门，分两个阶段实施，第一阶段为 JEDI 云采办，第二阶段聚焦于系统和应用向云迁移。具体目标包括：获取高可用、强弹性、安全，能无缝地从后方延伸至战术前沿的全球云计算与存储环境；快速开发和部署新的应用和先进能力；采用商业云服务转型国防部获取、处理、理解和利用数据的方法。JEDI 项目为期 10 年，预算金额 100 亿美元，包括一个 5 年基本期和 5 个一年选项期。截至 2018 年 4 月，国防部已发布两份征集建议书草案，已纳入《2019 财年国防授权法案》，申请资金。原计划 2018 年 5 月发布正式的征集建议书，9 月选定最终合同商，但因单一合同授予、项目细节等问题，受到业界和国会质疑，认为存在违背竞争原则嫌疑，进展一定程度上受阻。目前，国防部一方面在进行解释说明，另一方面也在修订、完善项目相关细节，择期发布正式的征集建议书。

（5）推进向“军事云 2.0”迁移。在启动新项目的同时，DISA 也在加速推进帮助国防部其他组成部门向“军事云 2.0”迁移的工作。原定完成迁移的时间期限为 2020 年 1 月，但国防部领导层要求加快这项工作，提前至 2019 年。“军事云 2.0”迁移工作已于 2018 年 5 月 1 日启动，首先是对 DISA 目前在“军事云 1.0”上的应用进行迁移，然后是位于 DISA 数据中心的应用。为加快迁移，DISA 正在增加迁移小组的数量，达到 8 个；还将提供一些工具，使客户能够对各自的云迁移进行管理。

二、动因分析

（1）推动国防部持续创新，保持军事技术优势。2017 年 8 月，国防部长造访西雅图和帕洛阿尔托这两个国家创新中心，揭示了几个现实：数据基础设施与管理、网络安全和机器学习等领域的先进技术，正在改变战争的特征；商业公司正在引领这些技术；创新的步伐非常快。这使国防部长决定要防止潜在对手技术突袭，或者赶超美国的军事优势。国防部认为，尽管技术现代化有多个维度，但加速采纳云计算技术，对保持美国军事技术优势至关重要。也正是这一点，直接导致“加速采纳企业云”备忘录的发布，以及云执行指导小组的建立。

2018 年 5 月，在武装部队通信与电子协会防御性网络安全行动研讨会上，新任国防部首席信息官达纳・迪西称，网络安全、大数据和人工智能，是国防部创新的三大驱动力，而云是推进上述三项驱动要素的基础，它们必须运行于一个世界级的云环境。他还谈到，云迁移是对传统技术进行再设计的机会，而不只是将其置于新的环境。

（2）响应技术优势主体及威胁环境的变化。冷战时期，美国国防技术创新与采纳主要受政府投资驱动，即由自上而下的引擎驱动。但自冷战结束和国防预算缩减以来，情况发生了变化：政府在技术方面曾经拥有的经济力量已不再雄厚，创新的金字塔已经翻转，在云计算等一些领域技术优势主体已转换至商业企业。另外，根据美国新的《国防战略》，国防部重新投资以获取技术优势的新的催化剂是俄罗斯和中国在网络空间和太空领域的大规模技术投资。国防部积极推进 JEDI 工作，在一定程度上是对这一新的催化剂的响应。

（3）国防部向云迁移进展缓慢且过于分散。2018 年 5 月 7 日，美国国防部在提交国会的JEDI报告中指出，当前国防部正在开展的云采办和迁移工作多达500多项；将国防部数据分散迁移至多个云，已经为企业级数据与服务管理带来了诸多缝隙、不一致的基线和更大的复杂性，将进一步妨碍访问和分析关键数据的能力。此外，国防部向云迁移工作一直进展缓慢。军方的传统信息技术/作战技术资产遍布美国各地，每个基地通常都有自身的计算结构，跨各机构的云服务采纳一直不顺利、不统一。一些机构在采纳云服务方面走在前列，而其他一些机构仍担心网络安全问题，对采取何种部署模式也犹豫不决，因而尚未采纳。

三、主要影响

（1）大幅提升云服务安全性。《云计算安全需求指南》1.3版在政策层面从不同角度，为云服务安全进行了规范与指导。从云服务提供方的角度，为其托管国防部信息与系统提供了安全指导；从云消费者的角度，定义了其使用和实现云服务的安全政策和需求，提供了使用云服务时对信息和系统进行网络防护的指导和框架；从国防部管理者角度，为其对云服务的安全态势进行评估，并基于该评估向云服务提供方颁发“提供授权”奠定了基础。这些规定和要求，为云服务的各个参与者，提供了安全方面的遵循和标准。

“安全云计算体系结构”则从技术框架层面，从云连接、应用与数据、主机和访问控制管理的角度，对云安全事务进行部署。该体系结构主要由云接入点、虚拟数据中心安全堆栈、虚拟数据中心管理服务和可信云证书管理员四个部分组成。云接入点用于提供对云服务提供方的连接，并保护国防部信息系统网免遭源自云的攻击。虚拟数据中心安全堆栈，采用Web应用防火墙、下一代防火墙等方式实现网络飞地的安全，保护虚拟数据中心托管的应用与数据。虚拟数据中心管理服务，用于实现应用主机安全。可信云证书管理员，用于实现基于角色的访问控制。

网络安全是云建设的重点关切。新版指南的发布和安全体系结构的部署，将大幅提升商业企业云服务的安全性。

（2）加速云服务的实现。云执行指导小组的成立，特别是国防部各项云倡议工作向国防部首席信息官归口，将加强云采办和迁移工作的组织领导和集中管理。各类云研讨会的密集召开，有利于国防部各组成部门了解商业云建设相关知识与形势，提出并解决云采纳中已经或可能出现的问题，特别是统一加速采纳商业企业云的认识。当前正在进行或着手启动的几个重点项目，包括国防部边界内和边界外两类商业云，覆盖“软件即服务”“平台即服务”“基础设施即服务”三种云服务模式，涵盖各影响等级的信息，包含办公业务、作战、信息环境等多个任务域，涉及国防部各组成部门，规模大、预算多。

这些因素结合在一起，将加速国防部商业企业云服务的实现、使用与管理，从而提高办公效率，提升作战人员快速获取并传输信息的能力，增强杀伤力，以及降低数据中心运维和服务提供成本。

（3）推进联合信息环境建设。国防部联合信息环境由“物理环境”和“服务环境”组成。其中，前者包括核心数据中心、联合区域安全堆栈（JRSS）、云接入、商业云服务、卫星网关，后者包括“软件即服务”“平台即服务”“基础设施即服务”。云服务成为联合信息环境的关键组成部分。加速采纳商业企业云，一方面可为“物理环境”提供云基础设施，托管国防部相关应用与数据；另一方面将为“服务环境”提供三种模式的云服务，供端用户按需要使用，从而推进联合信息环境建设。

（军事科学院系统工程研究院　邹恒）

美国拆分国防部副部长职能
加强国防科技创新管理

2018 年 7 月，美国国防部常务副部长沙纳汉签署“研究与工程、采办与后勤副部长办公室重组”备忘录。这份备忘录公开了研究与工程副部长办公室下属机构的组成情况，同 2018 年 1 月国防部发布的备忘录相比，新版组织架构出现明显变化。目前相关改革方案已提交国会，待进一步审议。

一、研究与工程副部长办公室组织架构调整方案

根据备忘录，国防部研究与工程副部长的使命是聚焦未来，以国防部首席技术官的身份推进技术和创新。研究与工程副部长办公室增设一名副部长帮办，直接向副部长汇报工作，并管理和监督其他下属机构（国防科学委员会除外）。研究与工程副部长下属机构调整为“一委、二局、四附属、五直属”的部门架构。

“一委”为国防科学委员会，其职能及构成基本保持不变。

“二局”为研究与工程副部长下设的两个职能部门，即研究与技术局和

先期能力局，局长与助理部长同级。其中，研究与技术局下设2 名业务副局长和5 名局长助理，分别负责战略技术保护与开发、研究/技术与实验室、微电子、网络、量子科学、定向能、机器学习领域；先期能力局下设2 名业务副局长和4 名局长助理，分别负责任务工程化与综合集成、研制试验与鉴定、网络化指控与通信、太空、自主能力、高超声速技术领域。

“四附属”机构分别为国防技术信息中心、联合储备局、国防微电子局和国防部试验资源管理中心。其中，前三个附属机构归研究与技术局管辖，国防技术信息中心和联合储备局由局长直接领导，国防微电子局则由战略技术保护与开发副局长领导；国防部试验资源管理中心归先期能力局研制试验与鉴定副局长领导。

“五直属”机构分别为国防创新小组（DIU）、战略能力办公室、战略情报分析室、导弹防御局和国防高级研究计划局（DARPA），直接向副部长帮办汇报。根据《2019 财年国防授权法案》要求，研究与工程副部长将在2019 年3 月前向国会提交一份决定战略能力办公室去留的计划，内容包含在2020 年10 月前撤销/转移或保留该办公室全部/部分职能及项目的时间表、办公室项目风险降低策略、与军种采办部门/快速能力办公室/研究实验室/DARPA 等部门的关系评估等。

二、研究与工程副部长职责

根据备忘录，研究与工程副部长将扮演国防部长及常务副部长在所有研究与工程领域的首席参谋兼顾问角色，其主要职责可概述为以下五大类。

一是制定政策统筹指导国防科研工作。以推动科技发展和创新为主要任务，制定并落实权责范围内的国防部指令及指令型备忘录、政策等，并酌情发布实施指南；主持国防部吸引非传统技术提供商参与项目的各项倡议，并评估以新的方法使用既有能力击败潜在对手的机遇；制定国防部研究与工程优先发展事项，确保其与国防部长的政策导向一致。

二是决策管理推进科研工作有序运行。决策国防部技术和新兴能力的战略投资方向，充分响应新兴威胁和技术机遇；行使对 DARPA、导弹防御局、国防技术信息中心、国防微电子局和试验资源管理中心的授权、指挥与控制权，酌情确保这些机构拥有完整的管理结构及流程，以便在预算内按时交付研究与工程项目；组织开展全球技术趋势跟踪，评估潜在/新兴威胁，以此分析美国击败潜在对手的能力；决策建立试点计划，引入灵活的实践经验推动国防科技创新、发展、利用和转化；甄别并降低商业技术和非传统国防合作商的进入壁垒；参与 ID 类采办项目寿命周期内的所有里程碑决策，支持里程碑决策机构；主导国防部研究、工程和技术开发项目及相关活动的计划进程，酌情采取措施解决上述进程中产生的问题。

三是实施监督有效降低国防科研风险。负责监督国防部所有的研究与工程、技术开发、技术转化、原型、实验、研制试验活动及项目；在适当或必要的时间点对 ID 类重大国防采办项目进行独立的技术风险评估，并就关键性能参数、技术成熟度、可靠性增长预估、互操作性和网络安全态势等方面的进展情况为国防部长提供意见；在拨付技术开发、系统开发或生产经费之前，对重大国防采办项目进行独立评估，确认其有具体的项目规划，可预见能力的发展能够应对持续变化的威胁，并满足技术嵌入、互操作性和按需部署等需求；在“里程碑 B、C”决策前就研制试验计划的充分性、时间表、资源、风险、生产准备状态等，对重大国防采办项目做出独立、充分的评估，并向国防采办委员会提供意见；监管国防部所有演示验证活动，向联合作战人员通告新的任务能力，缩短转化时间以应对关键挑战和作战问题；审查监督各军种的研究、系统工程与研制试验流程。

四是推进人才队伍建设以保持创新活力。担任国防部在科技管理、工程、生产、质量与制造、研制试验与鉴定等领域的培训主管，确保相关领域的人才储备与素质发展，并监管国防采办大学在上述领域的所有相关课程和进修课程的审查、开发和认证，确保其符合国防部要求。

五是作为业务领域代表推动国防部内外交流。担任国防部长在所有研究、工程与技术开发活动及项目的首席顾问，在美国及全球创新活动中代表国防部参加活动；在必要时针对资源管理、分析、预算准备等事宜，为国防部长办公厅提供支持；向联合需求监督委员会提供顾问服务；为采办与后勤副部长以及军种重大国防采办项目提供支持；与国防部总监察长协调，确保国防部研究与工程活动遵循法律法规指引及国防部政策方向；与国防部人事与战备副部长协调民事研究与工程人员特别是国防部实验室人员政策；充当国防部长与其他联邦政府机构的研究与工程活动对接窗口。

三、新版改革方案分析

一是对下属机构拥有更大的自主决策权。目前，研究与工程副部长办公室设立的两个国防研究与工程局，局长虽与助理部长同级，但人员任命无需经过国会批准，因此研究与工程副部长在“选人”方面拥有更大的自由权、在推进相关工作方面拥有更多的话语权，此举有利于推动高端技术的发展，也从侧面反映了国防部对高端技术的重视。

二是行政管理的专业分工更为细致。从国防研究与工程局下属分支机构来看，国防部针对重点高端技术单独配备局长助理，专业方向覆盖了量子科学、定向能、人工智能/机器学习、自主能力和高超声速技术等影响未来战争胜负的重点领域。这种一对一的设置再次凸显了高端技术的重要性，有利于国防部明确责权，重点推动影响未来大国竞争的关键技术发展，在军事技术上压制中、俄等战略对手，维持美军的军事优势。

（军事科学院军事科学信息研究中心　袁政英　魏俊峰）

美国国防部发布国防业务运行规划理顺工作关系

国防业务运行是指国防部对人员、资产、财务、信息和服务保障的业务管理活动，包括人力资源管理、财务系统建设、信息技术和网络安全基础设施、设施管理等内容，是美国国防建设的重要内容，多年来备受重视。2018 年4 月9 日，美国国防部首席管理官发布《2018—2022 财年国防业务运行规划》（下称《国防业务运行规划》），阐述了国防业务运行的总体情况，提出了国防业务运行的战略目标、重点任务和实施管理措施。该规划在一定程度上反映了美军的战略重点和改革方向，值得关注。

一、出台背景

美国国防部是美国规模最庞大的联邦机构，也是世界上最复杂的管理部门。目前拥有 130 多万现役军人、75 万文职人员、81. 1 万国民警卫队与预备役人员，并拥有 60 万合同制雇员。国防部拥有价值数十亿美元的全球供应链，管理着 500 万件库存，管理遍布全球近 4800 个地方、超过 56. 8 万个设施设备。为确保国防部这个庞大复杂的机构高效、顺畅运行，美国国防部高度重视国防业务运行管理，不断提高国防部整体业务管理效能。2001 年，国防部制定了《业务管理现代化计划》，开始以信息化为手段、以可视化为目标，推动业务转型；2005 年，国防部成立业务转型局，负责国防部业务系统建设和调整改革；2018 年 2 月，国防部设立了首席管理官，专门负责国防业务运行；2018 年 4 月，国防部首席管理官发布《国防业务运行规划》。

《国防业务运行规划》出台的背景主要有三点：一是落实《国防战略》的需要。2018 年出台的《国防战略》，作为指导美国国防和军队建设的纲领性文件，提出了国防和军队建设战略目标和重点任务，并提出要推行国防业务运行改革，提升国防业务运行的效率和效能。本规划正是执行《国防战略》的重要措施，把国防战略中业务运行改革的宏观性原则性要求予以具体化和落实。二是履行新体制职能的需要。2018 年以来，国防部管理体制进行重大改革，正式成立首席管理官、负责研究与工程的副国防部长，以及负责采办与维护的副国防部长，这些新机构与其他部门如何协同开展工作，是新体制面临的重大课题。《国防业务运行规划》涉及人力资源管理、财务管理、不动产管理、采办与合同管理、后勤与供应链管理、卫生保健管理、公共服务、网络空间安全与信息技术管理、试验与鉴定 9 个领域，明确了首席管理官，人事与战备、采办与维护、研究与工程、政策、情报等部门职责分工和工作关系，便于各部门协同工作。三是谋求军事竞争优势的需要。美国认为，与中国和俄罗斯的长期战略竞争是美国国防部的首要优先事项，美国陆、海、空、天、网所有作战域的技术优势都面临竞争，美国急需采取措施重振优势地位，而《国防业务运行规划》为国防部设定了共同的战略目标、规划和改革路线图，制定了统一的绩效目标和评估标准，有利于形成跨部门整体合力，提高军事技术竞争优势。

《国防业务运行规划》从业务支持角度关注国防部顶层改革，为实现国防战略目标，明确了国防部最新组织体系，改革国防业务运行机制，加强盟国合作伙伴关系，为重建军队战备能力、获得全球绝对军事优势奠定坚实基础。在《国防业务运行规划》指导下，国防部每年要制定一份年度绩效计划，详细制定每个绩效目标的业务和支持行动计划，以评估国防业务运行目标的各阶段进展或里程碑节点绩效。

二、主要内容

（一）提出三大战略目标和重点任务

《国防业务运行规划》提出了三大战略目标，即重建军队战备能力、建设更具杀伤力的联合部队；强化同盟关系、吸引新的合作伙伴；改革国防部业务运行，以提高绩效和经济可承受性。这三大战略目标符合美国新版《国防战略》目标。《国防业务运行规划》将这三大战略目标逐一分解为若干子目标，并明确了各子目标的主要内容、重点任务、实施战略和主管部门，其最终目的是在日益激烈的全球军事技术竞争环境中，通过各专业领域的业务改革，提高国防和军队建设的整体效能，并保持和提升美军全球军事竞争优势。

（1）战略目标一：重建军队战备能力、构建更具杀伤力的联合部队。包括以下子目标和重点任务：一是恢复战备以构建更具杀伤力的部队，如购买更多关键装备、加快有前景的先进技术能力演示验证项目的转化、投资发展关键“力量倍增器”，增强部队作战能力，由负责人事与战备的副部长负责；二是通过资本重组、创新和现代化，促进国防科技创新，如保持美国科研、技术、发明与创新的全球领先地位，推进发明和创新快速转化应用，为未来战备奠定科技研发基础，由负责研究与工程的副部长负责；三是提升信息技术和网络安全能力，如提升信息技术的创新性、灵活性、高效性和攻防作战能力，建设一支高水平的信息技术和网络安全队伍，加强同私营部门的合作，以应对信息技术和网络安全领域的挑战，由国防部首席信息官负责；四是为国防部业务运行提供最佳情报、反情报与安全支持，保护资产和信息免受间谍和其他情报活动的威胁，加强情报、反情报与安全保密管理，对人员进行恰当定密，使其根据级别接触不同敏感程度的关键信息，由负责情报的副部长负责；五是招募和维持最佳部队，如实施一系列措施，招募和维持最优秀的部队，以加强作战能力和战备能力，由负责人事与战备的副国防部长负责。

（2）战略目标二：强化同盟关系、吸引新的合作伙伴。包括以下子目标和重点任务：改革安全合作体系，通过改革对外军售，开展联合演习与训练活动，加强国际军事交流，跨国联合研发关键技术能力，构建一个由强大盟友和合作伙伴组成的网络，以提高军队建设的安全性、武器装备的互操作性和美军战备能力，由负责政策的副国防部长负责。

（3）战略目标三：改革国防部业务运行，以提高绩效和经济可承受性。包括以下子目标和重点任务：一是建立国防部级别的共享服务体系，改进和加强国防业务运行，强调采用弹性计算（灵活的计算能力）、数据管理与分析、网络安全、机器学习等技术，改进传统的管理模式，精简行政管理程序，减轻行政监管和法规制度负担；发现、共享、合并或淘汰过剩的设施设备，维持必须的设施设备，以降低使用与维护经费，由国防部首席管理官负责；二是优化国防部组织结构，调整改革和优化国防部采办、研究和业务管理等组织机构，明确各部门管理职责和工作关系，形成国防业务运行管理合力，由国防部首席管理官负责；三是开展审计并提高预算和财务信息质量，国防部要持续改进财务运行程序、财务控制方法和财务信息管理，开展财务审计，提高预算执行数据质量，优化成本管理方法，提高国防投资的合理性和科学性，由负责财务的副部长/首席财务官负责。

（二）提出了一系列管理保障措施

美国国防部国防业务运行涉及众多管理部门和专业领域，为保证顺利运行，《国防业务运行规划》提出一系列管理保障措施。

（1）通过“规划计划预算执行系统”（PPBES）落实《国防业务运行规划》。PPBES 是国防部成功运行多年的国防资源分配系统，在国防科技发展和武器装备建设中发挥了重要作用。将《国防业务运行规划》纳入现有成熟的 PPBES 系统中，把《国防业务运行规划》的战略目标、改革倡议和重点任务，转化并纳入国防部长远规划、中期计划和年度预算的例行流程中，可以较好地保证业务运行规划的落实。

（2）开展国防部体系风险管理。国防部在整个 PPBES 流程中处理和平衡体系风险，构建国防部风险管理框架，开展作战风险、部队管理风险、机构风险和未来挑战风险等四维风险评估。美国参联会主席的年度风险评估将这四维风险视为战略风险或军事风险，并进一步定义为“风险—任务”和“风险—部队”。在规划阶段，美国《国防规划指南》提供了风险容忍度指南，并通过国防战略的制定来反映和更新已确定的优先事项。在五年计划制定阶段，国防部各部门要平衡风险。

（3）开展国防部绩效管理。美国《政府绩效与结果修正法》要求联邦部门开展绩效管理，提出各部门绩效管理框架，设定绩效目标，并报告绩效进展情况。国防部依法建立了绩效管理制度，制定可衡量的战略目标、阶段目标和相关绩效评估指标。国防部每季度都要监督、评估国防业务运行战略目标、阶段目标和绩效指标的实现进展情况，以提高绩效管理的有效性和针对性。

（4）采用数据驱动的决策。为有效开展绩效管理，国防部采用基于数据的分析方法，全面掌握准确、及时和相关的绩效和成本数据。其中，绩效数据要突出强调各部门未完成目标的情况，开展没有达到目标的原因分析，提出问题解决策略和实现目标的行动计划。此外，通过与相似功能的政府其他部门进行趋势和基准对比分析，确定国防部是否能够按计划完成目标，或者是否存在系统性问题。

（5）利益相关部门参与国防业务运行改革。国防业务运行改革主要由国防部负责，其他利益相关部门均参与国防业务运行改革。国会和政府在立法、战略规划、优先事项和战略目标的制定方面发挥重要作用。国会负责相关立法、国防机构的授权、拨款和执行监督；新一届政府会更新国家安全战略和总统管理议程，并通过总统行政命令实施指导和管理，引导国防部业务运行方向和改革。

三、几点认识

美国国防部业务运行涉及国防部整体性改革、宏观管理和跨专业的业务运行，在新管理体制下要完成国防业务运行任务，要求在管理体制、运行机制和手段方法上均有所突破，遵循国防业务运行的发展规律和本质要求。

（1）在职位上设立国防部首席管理官，这是国防部业务改革的总推手。2018 年 2 月 1 日，美国国防部正式设立首席管理官职位，专门负责国防部的业务运行事务。设立该职位的目的是提高国防部各部门的业务运行质量和工作效率，降低业务成本，从而从业务支持的角度推动国防部实现其战略目标。从2019年起，首席管理官还将接管国防部首席信息官的信息技术业务职能。通过建立一体化的业务管理信息系统，国防部将能加强相关业务管理活动的透明度与信息化水平，加强业务管理绩效评估，有效推动国防部业务管理效率与效益的整体提升。

（2）在机制上多部门协同推进，这是国防业务顺畅运行的重要保证。国防业务运行涉及人力资源、财务、不动产、采办与合同、后勤与供应链、卫生保健、公共服务、网络空间安全与信息技术、试验与鉴定等9个业务管理领域，国防部首席管理官总体负责，国防部人事与战备、采办与维护、研究与工程、政策、情报等部门和各军种均参与这项工作。为确保这些部门各司其职，又相互协同，国防部除设立专门的首席管理官外，还成立负责全军工作协调的改革管理小组，负责国防部业务运行重大决策，确定、审查和实施各部门的改革措施，并协调解决相关部门的重大问题，保证各部门能够从国家安全战略和国防战略高度考虑和谋划各部门的长远发展与近期改革，以形成跨部门、跨领域整体合力。

（3）在思路上追求创新高效，这是国防业务运行改革的核心主线。美军业务运行体系作为军队改革的有机组成部分，其基本思路是实现更快、更省、更好、更一体化、更安全的运行管理目标。这次改革，在管理思路和策略上把经济高效、创新突破放在突出位置，强调经济高效的业务流程设计，通过业务流程再造、财务会计和安全合作体系改革，达到节省国防经费开支目的；通过资本重组、创新和现代化，促进前沿技术创新发展，保持美国科研、技术、发明与创新的全球领先地位；通过人力资源管理，加强部队力量建设，提升战备和作战能力，保持全球绝对军事领先地位。

（4）在手段上采用多种先进方法，这是国防业务高效运行的重要举措。在信息技术快速发展的时代背景下，美军在国防业务运行的各个专业领域，均广泛采用多种信息化技术手段，如采用大数据技术和数据驱动的分析方法开展风险管理和绩效评估，优化绩效评估流程，使各级决策部门能够根据可靠的数据、信息和知识做出决策。此外，国防部采用各种定性与定量相结合的方法，实现人力资源、固定资产、财务、信息技术等专业领域的科学化管理，提高国防业务运行管理的整体效能。

（军事科学院军事科学信息研究中心　张代平　吴海　王宇）

美国国防授权法案包含多项民用资源引入举措

2018年8月13日，美国总统特朗普签署《2019财年国防授权法案》（下称法案），法案包含多个加强国防科技创新和阻断竞争对手利用美国研发成果的条款，包括机构调整、新技术研发与对外合作等方面。

一、关注未来规划，注重创新体系优化完善

一是制定新版国防科技战略。法案要求国防部拟制战略，阐明科技优先事项、战略目标和投资安排，并为国防研究与工程体系的未来发展提供建议。战略必须充分考虑国防部人才队伍能力、基础设施建设、与外部机构的合作伙伴关系，以及研发与采办工作之间的协调等。二是制定战略能力办公室发展计划。法案要求国防部提交该办公室的未来发展计划，阐明该办公室的三种可能情况：撤销、职能转移或继续保留。三是国防创新小组（DIU，原国防创新试验小组）。国会要求国防部提交报告，分析DIU在国防部的作用及影响等。近期，国防部已宣布将“试验”从其名称中删除，表明该机构已成为国防部的常设机构。

二、聚焦新兴领域，促进高新技术快速发展

近年来，美国国会一直致力于提高国防部开发和部署新技术的能力，确保美军在日益增多的新兴威胁中保持作战优势。一是确定关键技术能力。法案要求国防部围绕高超声速、人工智能、量子信息科学及定向能等新兴技术领域，比较美国与竞争对手的能力差距。此外，法案要求国防部继续完善“采办计划、技术、制造能力和研究领域清单”，以保持技术优势。二是加强对新兴技术的快速反应能力。法案要求国防部建立工作制度加速技术开发，对未获得研究经费及关注的技术做出反应，以快速应对竞争对手的新兴能力。三是发展量子信息科学。国防部授权在量子信息科学领域启动研发计划，重点关注传感器和计量学、通信和密码学、材料和分子功能设计等领域。四是推进定向能技术。法案授权负责研究与工程的副国防部长制定定向能领域样机计划，并为定向能武器系统试验提供指导。此外，法案还阐明联合定向能转移办公室的职责，包括研究高功率微波的功能等。

三、深化合作机制，强化外部创新技术引入

法案对国防部实验室政策进行了大幅调整。一是拓展“开放园区”计划。法案授权国防部在军内实验室广泛开展类似陆军研究实验室“开放园区”计划的项目。二是深化与大学的合作。2018 财年法案授权国防部至少设立三类合作协议，以促进“快速获得大学技术及专业知识”。三是推进技术合作。法案授予 7500 万美元，指示国防部开展与工业界和学术界的合作交流，以支持与国家安全相关的新兴硬件产品和技术的发展，同时指示国

防部建立专职机构开展上述工作。四是建立小企业信息库。法案要求国防技术信息中心针对已参与国防部任务的小型创新企业建立技术能力信息库，促进未来的军地互动与合作。五是扩大招聘和管理授权。法案调整了部分招聘授权，旨在招募社会及在校技术人才，并将国防部实验室特殊招聘授权应用于战略能力办公室和国防创新小组。

四、限制技术外流，保护美国研发成果

法案阻止中国及其他竞争国家获得美国公司及大学的研发成果。一是对华政策。法案指示总统提交对华总体性战略分析，包括有计划地应对中国“利用情报网络进行开放式研发”与“利用经济工具（如市场准入和投资）进入美国敏感产业”。此外，法案还规定国防部在其提交的中国年度报告中，针对中国获取美国技术的评估应考虑到投资、工业间谍活动、网络盗窃等手段。二是保护学术研究倡议。法案要求国防部制定倡议，以支持学术机构的工作，保护与美国国家安全相关的知识产权、技术和核心人员。该倡议还需消除世界各国通过外国人才项目等手段盗用美国技术而产生的不利影响。三是敏感技术的出口控制。法案推动一系列改革措施，强化“美国外资投资委员会”的权力，阻止涉及国家安全的商业交易。这些改革包括要求联邦政府设立机制，以确定对国家安全至关重要的新兴与基础技术，并对这些技术的出口加以控制。四是控制外国获取先进技术。在符合国家安全利益的情况下，国防部需通过合同、赠款、合作协议或其他交易来限制外国获取先进技术。

（军事科学院军事科学信息研究中心　蔡文君　魏俊峰）

俄罗斯组建大型科创园区发挥创新集聚效应

2018 年 3 月，俄罗斯国防部长绍伊古接受媒体采访时透露，俄罗斯国防部正在黑海之滨的阿纳帕市积极筹建名为“纪元”的大型军事创新科技园。该科技园运行后将专门从事突破性技术研究。2018 年 6 月，普京签署总统令组建俄罗斯联邦国防部“时代”军事创新科技园，地点设在阿纳帕城。科技园计划于 2018 年 9 月 1 日对外开放。

一、基本情况

（1）筹建背景。为落实《2020 年前俄罗斯联邦国家安全战略》和《2020 年前俄罗斯联邦创新发展战略》，俄罗斯总统普京授权国防部筹建“纪元”大型军事创新科技园，其主要目的是进一步推动俄罗斯国防部乃至整个国家的创新研究，继续保持俄罗斯军用系统的领先发展，提高突破性技术研究成果转化为武器装备的效率，维护国家技术和经济安全。科技园选址索契附近的阿纳帕（黑海沿岸度假胜地），主要是仿效旧金山的硅谷（处于湾区），为积聚人才创造便利的生活条件。2018 年 2 月 23 日，俄罗斯国防部专门在克里姆林宫向普京总统展示了“纪元”大型军事创新科技园的模型，根据普京指示，俄罗斯正加快推进大型科技园建设工作，旨在为俄罗斯提升防务实力、推动国家经济发展提供有力支撑。

（2）成立目的。俄罗斯武器装备研制周期冗长，经常导致装备技术（特别是信息技术）在交付时已经落后，为此，普京 2017 年 9 月提出动议，组建“时代”军事创新科技园，其本质是建设具有大量先进科研基础设施的园区，并作为国家独立机构，与军事部门、国家管理机构、科研教育机构和企业联合探索、开发和利用国防先进技术概念与研究。

（3）组织管理。根据总统令，“时代”科技园的组建和其他活动资金主要来自国防部的联邦预算，与国防和国家安全相关的重要创新项目由高级研究基金会出资支持，科研项目总领导由库尔恰托夫研究所所长担任。研究项目的选择由国防部创新技术和项目委员会批准实施，项目成果由国防部科技委员会考核并决定是否投入军队使用。

（4）职能规划。“时代”科技园按照“科学与教育”（科学—研究集群、科学—教育集群）和“先进工艺与创新”（科学—生产集群）两大方向，建设现代化的实验室和工程中心，配备科技设备中心和工艺技术中心。根据规划，科技园可容纳 80 家国防机构进驻，2000 名科研和工程人员工作。科学—研究集群将开展先进武器、军事和特种装备样机的科学研究、实验室实验和仿真模拟；科学—教育集群用于培养研究生、学员和学生的研究能力；科学—生产集群则建造和测试原型样机、工艺和材料。科技园拟于 2018 年底完成各集群基础设施建设，2019 年联合俄罗斯科学院、大学、科研机构开展预测性研究，2020 年实现从探索技术概念到应用先进技术再到完成原型样机生产的项目全周期管理。

二、当前工作

一是选拔拔尖人才。俄罗斯国防部正在全国选拔青年学者和少年科学家，以及科学连（俄军从地方大学招募的专门从事科研的连队）优秀毕业生。俄罗斯国防部将为这些新一代科学家建设最好的科研平台，这些人才将同时与国防工业综合体、科学院、行业研究院所和大学保持最紧密的联系。

二是精选科研方向。目前，已确定8 个优先科研发展方向：信息－远程通信系统和人工智能系统；机器人技术综合装置；超级计算机；工程视觉和图像识别；信息安全；纳米技术和纳米材料；生活保障及维持生命活动相关的能源、技术和设备；生物工程、生物合成、生物传感技术。同时，该大型军事创新科技园还将联合军地力量，共同开展前瞻性科学研究，获得的研究成果将用于制定突破性技术清单，在短期内（1～3 年）创造出全新武器与专用军事技术装备。

三是明确阶段任务。大型军事创新科技园建设工作计划分阶段实施：第一阶段是2017—2018 年，主要是完成园区基础设施建设，成立各类科学研究小组，科技园第一阶段计划建设研究场地26.7 万$米^2$（后期还将酌情扩展），并为青年学者建设1000 多套住房；第二阶段是2019—2020 年，主要是保障各类科学研究小组的高效运行，并全程保障创新项目的研制、生产和应用。

四是组建导师队伍。根据规划，俄罗斯国家科学中心“库尔恰托夫研究院”主席科瓦利丘克将担任“纪元”大型军事创新科技园科研项目领导人。“库尔恰托夫研究院”是俄罗斯最大的科学研究中心，同时也是很多世界知名的大型科研项目的发起承担者和主要协调者。目前，该研究院正在积极参与法国国际热核聚变试验堆建设、欧洲核子研究中心大型强子对撞机建设等国际重要项目。科技园还将遴选俄罗斯各前沿领域院士和最优秀的科学家组成导师队伍，为各领域优秀人才提供有力指导。

三、影响与启示

一是高端人才是未来军事科技竞争的战略资源。军事科技竞争归其根本是人才的竞争。俄罗斯一直非常重视人才的早期培养和基础教育工作，各个城市都有实力雄厚的数学、物理等专长学校培养有天赋的青少年。俄罗斯经常举办各种大赛，鼓励和凝聚全社会力量，为各地区和各领域的优秀青少年提供能力展示的舞台。俄罗斯总统普京经常亲自接见重大学科竞赛获奖者，以提升俄罗斯青少年对科研工作的重视和热爱程度。为打造面向未来的军事科研高地，科技园从优秀青年选拔入手，组建具有年龄优势的拔尖人才国家队，通过国家倾力培养的方式哺育其快速成长，使其能够在此后较长的科研黄金期多做贡献。

二是突出前沿是推进军事科技创新的工作重点。军事科技领域众多，精选具有颠覆性前景的重点领域带动发展是俄军的重要实践经验。“纪元”大型军事创新科技园目前选定的8 个优先科研发展方向，又可笼统划分为人工智能、新一代信息技术、新能源、新材料、生物交叉技术5 大类，科技园还将开展其他超前的前瞻性研究工作，这些领域一旦取得突破，将带来重大军事和经济效益。可以预见，科技园将在俄罗斯军事科技创新中占据重要地位。

三是军民协同是加速军事科技发展的强大推动力。俄罗斯借鉴地方科研经验采取孵化器和加速器模式，从全国遴选精英导师带队推动科技创新；同时，科技园将成为开放平台，广泛吸纳俄罗斯优秀的精英团队、最先进的科研成果，使军民科技紧密耦合。俄罗斯还将借助社会各界力量为科技园提供全方位保障，以确保创新项目快速转化，并产生辐射带动作用，推进俄罗斯军事及经济发展，发挥出最大的社会效益。

（军事科学院军事科学信息研究中心　李华）

俄罗斯建立科技连打造未来自主创新后备军和生力军

2013 年 3 月 12 日，俄罗斯国防部长绍伊古在莫斯科国立鲍曼技术大学与国内各大高校校长举行座谈，座谈会上部分大学校长提出组建科技连的倡议。4 月 17 日，国防部下达征召计划，决定在俄军内部组建科技连。

科技连每年从地方大学选拔优秀大学毕业生入伍并从事科学研究工作，旨在为俄罗斯军事科学技术的进步和发展提供强大的后备力量和智力支持。科技连主要依托俄罗斯军事科研机构的科技研究硬件设施，从事与国防和军队建设密切相关的科学研究工作，研究范围很广，目前涉及航空、航天、航海的核心技术领域，主要包括武器装备技术、信息技术、无线电电子技术、密码技术和指挥自动化技术等方面。

一、俄军组建科技连的动因与基础

俄军组建科技连的出发点，是为了通过征召大批地方大学优秀毕业生到军事科学技术岗位上服役，从而为军事教育和科研单位补充提供人才支持。总体而言，科技连的组建主要出于以下三方面的基本考虑：一是军队人才需求方面。地方高校历来是俄军科研院所专业人才的重要来源，进一步加大人才数量需求和提高人才质量要求，可以更加充分有效利用地方大学教育资源，积极推动军事科研能力的提升；二是义务兵的地位方面。成立科技连可以在某种程度上合理利用和有效发挥义务兵的个人专长，保持和发展科技连成员的科研实力，从而提升具备科技专长的义务兵的地位，以及军队对义务兵的吸引力；三是青年学生发展方面。在科技连的服役经历是一些年轻学者选择在军队还是地方发展的过渡阶段，科技连人员的科研活动情况将决定其今后事业轨迹发展方向。

（一）组建动因

一方面，俄军组建科技连是有效应对未来信息化战争的必然要求。随着信息技术的快速发展和广泛应用，俄罗斯愈加重视科学技术对军队发展和未来战争的关键作用。首先，科技是社会发展的强大动力。只有紧紧抓住“科技”这个核心要素，才能紧跟时代发展潮流。无论是对未来战争的科学认知，还是对武器装备的研发改型，都需要强大的科技实力作为基础。俄军认为，未来战争首先从空天战场开始，因此，俄罗斯高度重视航空航天技术的开发和应用。例如，俄军组建的第一支科技连就位于沃罗涅日市的俄罗斯空军学院，重点研究航空发动机、飞行导航、电子战和信息安全等技术领域。另外，俄军认为，在现代条件下的信息安全至关重要，信息攻击的威力绝不亚于常规武器，俄军应做好应对信息空间安全威胁的准备工作。因此，为有效应对未来可能发生的网络战，俄罗斯积极组建“网军”，然而目前俄罗斯高技术网络专家比较稀缺，科技连的组建，可以在一定程度上培养大批网络战技术人才，这些专业人才也将成为俄罗斯“网军”的中坚力量。

另一方面，俄军组建科技连是有效弥补军事技术人才短缺的现实需求。首先，自“新面貌”军事改革以来，俄军对军事教育也进行了大刀阔斧地改革，采取了诸多重大措施，俄军院校教育发生了翻天覆地的变化。尤其是在院校数量上，曾一度精简到仅存 10 所军事专业院校。然而，随着改革的逐步推进，俄军发现军事院校的大量合并造成了军事科研设备的极大浪费和军事技术专业人才的大量流失，从而导致俄军出现了专业技术人才的断层现象。科技连的组建，可以从地方高校毕业生和优秀在校大学生当中进行优中选优，从一定程度上缓解军事技术专业人才短缺的问题，尤其是核心技术领域的高技术专业人才短缺问题。其次，近年来，俄军大力研制和更新武器装备，在俄军武器装备发展规划中指出，2020 年前俄军新式武器装备将达到 70% 以上，届时俄军对新式装备的专业技术人才需求量也将随之增大。为此，通过组建科技连可以在一定程度上做好装备科技人才的储备工作，避免出现“装备等人”的不良现象。最后，自“新面貌”军事改革以来，俄军大力推进新式武器装备的研发工作，其中包括下一代歼击机、战略轰炸机、军用运输机、第六代战机等，这些装备的核心技术攻关对人才质量和数量都提出了很高的要求。通过组建科技连，俄军可以在困扰俄罗斯新式武器装备发展的诸多核心技术领域实现集智攻关，力求实现核心技术科研工作的新突破。

（二）组建基础

一是国家和军队上层领导高度重视。俄军科技连从酝酿到正式组建仅用4 个月左右时间，这首先归功于国防部长绍伊古的高度重视和普京总统的大力支持。绍伊古多次亲自充当征兵员，鼓励地方大学优秀毕业生参军入伍，为部队和国防建设贡献力量，并努力致力于把科技连打造成为俄军“科技精英的摇篮”。与此同时，他还强调一定要把好选拔关，确保科技连的所有人员都是各个专业领域的精英，并有望成为未来核心技术攻关领域的领军人物。另外，地方政府和高等院校的积极配合为科技连组建工作铺平了道路，进一步推动了科技连组建工作的顺利开展与实施。

二是地方具备人才培养优势。对于国防部而言，借助地方大学培养军事人才具有很强的优势。这是因为，地方大学与军事院校相比，其培训专业范围更宽，培养知识密集型专业军事人才的成本相对更低，军队可以充分发挥和利用国内知名大学的人力和物力资源。另外，地方大学在军队和地方的相互关系当中可以起到沟通桥梁的作用，不仅可以参与军事专业人才培训任务，还可以对军队进行社会监督。

三是军民协同程度逐步加深。自苏联解体以来，俄罗斯经历了经济发展萎靡、装备发展滞后的低迷期，但是自进入 21 世纪以来，俄军又经历了从萎靡到复苏、从滞后到有序的上升期，尤其是 2008 年“新面貌”军事改革以来，俄军在诸多方面都取得了极大进步，俄罗斯军人威望也得到了极大提升，俄军在民众中的接受程度，以及俄军与地方的合作程度随之加深，这为俄军组建科技连提供了坚实的合作基础。

二、科技连的主要任务

自 2013 年 7 月在位于沃罗涅日市的俄罗斯空军学院组建第一支科技连以来，截至 2015 年底，俄军已经建成了 12 支科技连和 2 支科学生产连。分别依托陆军、海军、空军、总参谋部、通信总局以及防辐射、防化学和防生物部队等单位组建。目前每个科技连编制大约 60 ~ 90 人，其组成和编制并不固定，一般下辖 3 ~ 4 个科技排，管理人员具有一定的科研工作经历和较高的科学文化素养。

俄军科技连的任务主要体现在以下三个方面。

（1）参加俄军科研工作。具体包括：带动并激活俄军科研工作，参加俄罗斯各军兵种战术方面的先进科研工作、试验设计工作和实验工作等，参加专利申请项目等。以俄军第二科技连（隶属于俄罗斯空军学院）为例，该科技连下辖三个科技排：一排负责研究水利气象流程与现象建模以及高压和中压空气分配工作；二排负责研究飞行器、航空发动机、驾驶导航与雷达系统的结构完善工作；三排主攻信息技术、软件与技术发展预测、电子战技术，以及隐身性能评估和指挥自动化系统信息防护等领域的任务。

（2）取得实用型任务科研成果。具体包括：在从事诸多科研工作、试验设计工作和实验工作过程中获得实践经验；得出科研项目总结报告；提出发明专利申请或合理化建议；研究实用型数学模型、程序建模系统、专用软件算法等。据统计，近年来俄军科技连已申请20余项发明专利，提出90余项合理化建议，另有50余项电脑程序设计获得认证。

（3）为俄军科研系统和国防工业体系培养科技干部。培养科技连军人的创新思维能力和独立完成迫切科学任务的能力；为吸引热爱科学活动的年轻人创造条件，以不断充实俄军科学干部储备。

由于保密或信息更新滞后等问题，截至2016年底，在俄罗斯国防部官方网站上关于俄军科技连数量的公开信息仍为7个。具体如下：

第二科技连隶属于俄罗斯联邦空军，于2013年7月在位于沃罗涅日市的俄罗斯空军学院成立。该连致力于解决空军建设和发展中所遇到的一些技术攻关难题，从事空军优先发展领域的应用型科学研究工作。具体完成的科研任务领域：对机动飞机的气体测定系统和危险气象条件演化进程进行建模；研制地面飞行保障设备的仿真模型；研发战斗飞行器动力装置的软件模拟系统；开展带高效指挥自动化系统的飞机运动动力学研究；在光电系统对抗条件下导致光辐射接收器的半导体元件工作性能受损的电磁影响参数确定方法等。

第三科技连隶属于俄罗斯联邦空天防御兵，于 2014 年 5 月在位于莫斯科州克拉斯诺格尔斯克市，隶属于 26302 部队中心（即第 820 国家导弹预警中心），致力于完成空天防御兵的相关先进技术科研工作和任务。科技连成员主要参与俄罗斯空天防御兵的科研工作，并在完成俄军应用型任务的过程中努力取得科研突破，从而为俄罗斯联邦军事科学系统和国防工业系统培养优秀科技干部。

第五科技连隶属于俄罗斯联邦陆军，于 2014 年 7 月在位于莫斯科市的陆军军事教学科研中心，即诸兵种合成军事学院正式组建。该连致力于完成陆军总司令部、俄罗斯联邦国家国防指挥中心、空降兵司令部和各军区地区指挥中心赋予的相关科技任务和项目。该科技连的主要科学应用型任务包括：数据收集与分析自动化、研发辅助决策系统，创建数据基和 3D 模型等。

第六科技连隶属于俄罗斯联邦总参谋部，于 2014 年 5 月在位于克拉斯诺达尔市的克拉斯诺达尔高等军事学校正式成立，主要负责完成俄罗斯联邦武装力量总参谋部第八局下达的相关科技任务，应用型科学研究工作的优先关注方向是俄军信息防护方式方法的发展及运用等问题。该科技连下辖 2 个科技排：一排负责发展和完善专用通信设备，以及评估和提升国家秘密防护效能等研究工作；二排负责研究信息防护方式方法的发展和完善问题。第六科技连的学员负责完成科研项目的主要领域包括：完善俄军指挥自动化系统中的信息防护方法；分析与研究俄军国家秘密防护系统的发展趋势；研究专用通信系统和设备的发展趋势；提升专用通信技术设备的技术维护与维修系统的效能；完善电子文档传输系统中信息完整性的监控与保障方法；提升专用（军用）自动化系统供电设备的效能；完善俄军国家秘密防护监控系统；分析作战行动的建模情况；研究和完善信息的非密码防护方法；研究制定新型物理现象在信息防护技术设备中的应用原理等。

第七科技连隶属于俄罗斯联邦武装力量通信总局，于2014年9月在位于圣彼得堡市的布登内军事通信学院正式组建，主要负责完成俄罗斯联邦武装力量各军种、俄罗斯联邦国家国防指挥中心和俄军通信总局下达的相关科研任务。该连专注于以下科研领域，具体包括：研究与设计包括相控阵天线在内的新型天线馈电系统；俄军远程通信系统和陆上通信网络的研发与使用问题等；研发与设计先进的无线通信系统和设备以及包括光纤通信在内的多通道通信系统；研发与设计自动化通信系统和设备，地情、海情和空情的数学建模系统，以及防护通信系统免遭高精确武器打击的防护技术和设备等。

第八科技连隶属于俄罗斯联邦武装力量医学局，2014年成立于基诺夫军事医学院，位于圣彼得堡市，主要负责完成俄罗斯联邦武装力量医学局在优先发展领域的基础性和应用型科学研究工作。该科技连主要科研活动有：参与完成军事医学院科研工作规划中的科学研究和试验设计项目，并生成总结报告；参与各种科研竞赛活动，旨在为专家学者提供科研支持；参加国际性、全军性、地区性、全俄罗斯以及校际间的各种学术会议。

第十一科技连隶属于俄罗斯联邦防核生化部队，2015年10月成立于铁木辛哥防核生化军事学院，该学院位于科斯特罗马市。该连主要负责完成俄罗斯联邦武装力量各军种、科研组织和研究所，以及俄罗斯联邦国防工业体系各组织的科研任务。其主要科研任务有：在从事科学研究和试验设计工作过程中获得实践经验；准备科学研究和试验设计工作研究报告；申请发明专利；研究应用型数学模型、软件建模系统、专用软件算法等。

三、俄军科技连的运行机制

科技连学员从选拔、征召、训练、科研到退出现役或转为军官都有一整套规范机制。下面主要从征召选拔和科研工作两方面对俄军科技连的运行机制加以介绍。

（一）征召选拔机制

科技连的选拔一年两次，在春季征兵和秋季征兵开始前一个月进行。各军兵种科技连的服役要求不尽相同，但总体来说都比较高。到科技连服役的竞争一直以来都比较激烈，2015 年 9 月，俄罗斯国防部长绍伊古称征召中平均有 25 个人竞争 1 个科技连名额。

首先，选拔标准严格。俄罗斯国防部长曾经提到，科技连学员应招收地方高等院校中最优秀的学生，如曾五次获得电脑编程竞赛冠军的学生就是俄军急需人才，国防部会为这些人才提供优越的科研工作条件。自从 2013 年开始招收科技连学员至今，俄罗斯地方高校大学生报名非常踊跃，但是并非所有名校的大学生都能顺利进入俄军科技连，只有那些天才毕业生或取得特别优秀成果的大学生经过优中选优方能进入科技连从事科研工作。招收对象应表现出明显的科研实力和独立自主从事科学研究的能力。例如，鲍曼莫斯科国立技术大学校长阿纳托利·亚历山大罗夫指出，该校愿意进入科技连的学生不仅有，而且有很多，竞争形势非常激烈，通常是五选一。如果学生未能如愿以偿进入科技连，只能作为科技连的人才储备力量，力争在下次征召考核中获得通过。在科技连人员的选拔过程中，除了要求学生在校平均成绩不得低于 4.5 分（5 分为满分）之外，通常还要组织一次专门测试，用于考查学生的学识水平以及在高度紧张条件下的决策能力等。另外，对候选者的科研成果也有很高要求，参与竞争的学生应曾经发表过科技论文，出版过科技著作，或参加过一些科学竞赛活动并取得优异成绩。

其次，选拔程序规范。选拔工作开始前，首先通过各军兵种军事指挥机构明确科技连科研工作的主要方向和领域，并根据国防部相关要求，把具有高等职业教育培训的专业学习经历并表现出强烈应征入伍的学生作为科技连的征召对象。在人员筛选过程中，那些在市级以上学科竞赛中获奖人员、俄罗斯联邦总统奖学金和政府特别助学金获得者、参与完成受军事指挥机构认可且具有重大国防应用价值的科研资助项目成员，是科技连的优先关注对象。选拔工作过程中，主要分为两个阶段：第一阶段为预选阶段，地方各高等院校对本校毕业生和在校大学生进行筛选，确定候选人员名单；第二阶段为直接面试阶段，在候选人员名单中选拔最优秀的大学毕业生和在校生。第一阶段选拔工作由各学院的科学技术委员会或相应的组织机构负责实施，第二阶段选拔工作则由以军事指挥机关代表为组员的委员会负责组织实施，该委员会成员根据军事指挥机关首长的命令来任命。

最后，选拔工作严谨。一是俄军科技连所必需的科技人才清单比官方要求的专业范围要更广。俄军科技连当前不仅在电脑程序员和军事技术与设备等领域提出了迫切科研攻关要求，而且在化学和化学设备、生产自动化、汽车技术等领域也提前进行了相关科研人才储备和科研活动准备工作。二是明确了科技连人才征召准备工作。俄军认为，由于科技连是建立在俄军部队实际需求的前提基础上的，为此，在科技连的科研攻关方向和领域等方面要提前做好各项准备工作，尤其是在人员招收、名额分配等多项任务方面做好准备工作。俄军目前在征召工作开始前 2 ~ 3 个月内展开各项相关准备工作，即每年的 7 月至 8 月和 1 月至 2 月。

（二）科研工作机制

一方面，工作环境优越。一是科技连军人具有强烈的荣誉感。俄军为每支科技连设计了专门的标志符号。由于俄军为科技连军人提供了很好的科研工作和交流平台，学员可以经常参加地方、军兵种和全军的展览、竞赛、研讨会等活动，会上科技连的多项研究成果经常受到媒体大力宣扬。2016 年 9 月，俄军已组建的全部 12 支科技连和 2 支科学生产连参加了“军队 2016”国际军事技术论坛，充分展示了其科技创新成果，受到极大好评。因此，科技连被誉为“特种智力部队”，军队高层经常接见并亲自为优秀科技连军人颁奖或授衔。这些措施很大程度上提高了科技连军人的自豪感，增加了科技连的吸引力。二是重科研轻训练。由于科技连学员通常完成的科研任务具有针对性，要求及时完成上级下达的专项科研任务，因此，科技连学员可以在严格遵守最低限度的军事纪律的条件下从事科学研究工作，具体而言，学员应遵守军队条令，着军装，会使用兵器，列队行进等，但不必参加较为严苛的军事体能训练和军事操练任务，取而代之的是科研活动，因为科技连学员的科研场所就相当于其他军人的射击训练场。三是工作制度人性化。俄军规定，科技连每周有四天半完全从事科研活动，只有星期五专门进行战术、队列、射击等军事课目训练，剩下的一天半用于休息。每名科技连士兵都有专用的科研工作席位，并配备有电脑、实验器材等专业设备。科技连的住宿、生活条件也优于普通连队。

另一方面，工作要求严格。完成一项科研任务时，科技连的学员分为多个科学实践小组，每组成员通常为 4 人。科技连的每一名军人都有具体的科研任务，这些任务通常由科技连的导师确定，并为每名学员制定科学研究工作计划。从学员征召入伍开始进行军事训练之后第二个月起，每个月要对科技连学员个人计划的完成情况，及其科研成果质量进行分析。学员如若未能按时完成个人科研计划，或者通过不正当或违纪手段完成计划，根据科研组织和国防部高等院校或部队首长的建议，按照既定程序将学员从科技连调配至其他部队和军队组织。

总体而言，俄军科技连运行机制的明显特征，就是最大限度利用好国家高等教育院校最优秀的人才资源，更好的为国防和军队建设服务。

四、结束语

通过分析俄军科技连的组建基础和动因、建设现状、运行机制，以及对其建设和发展情况进行评估，可以看出，俄军科技连的组建，不仅切实解决了俄军在科技人才队伍建设和核心技术攻关等方面长期存在的问题，而且激活了俄军科研人员从事科研活动的工作环境和热情，有效推动了俄军科技活动的快速发展，提升了俄军在民众当中的影响力和声誉。

（空军工程大学　董达飞）

FULU

附　录

2018 年国防科技管理领域发展大事记

1 月

美国国防部启动军事航天管理与组织改革　美国国防部时任常务副部长的帕特里克·沙纳汉于 1 月发布“增强太空领域杀伤力与战备性指南”备忘录，要求根据 2018 财年《国防授权法案》第 1601 节条款，开始执行一系列国家安全太空体系的管理与组织改革，包括撤销“国防部首席太空顾问”、国防航天委员会、美国空军负责太空作战的副参谋长等职位和机构；规定美国空军航天司令部司令任期至少为6 年，兼任美国战略司令部下辖的联合部队太空司令部司令；将“作战响应空间”办公室更名为“太空快速能力办公室”，聚焦快速采办；将“国家航天防御中心”从试验性项目转变为正式运行的指挥中心，以支持联合和跨部门的太空能力等。美国空军仍将主要承担太空相关活动的组织、训练、装备以及战备等职能。

美国空军研究实验室发布“自主联盟”项目信息征询书　1 月，美国空军研究实验室发布“自主联盟”项目信息征询书，计划组建由大约 50 ~ 100 位业界和学术界成员组成的联盟，在未来 5 年演示验证一系列新技术，通过合作研究和行业落地来解决当前和未来空军和工业界面临的难题。联盟的主要目标是开发自主技术，加强航空航天自主产业基地，满足军方的重点问题和防务需求；构建可提供关键软件、算法和体系结构/框架的技术供应商基础，并在自主系统中实例化软件组件。

美国国防创新委员会提出国防科技创新建议案 1月17日，美国国防部国防创新委员会举行会议，对准备提交给国防部长的四项国防科技创新建议案进行审议。会议通过了“创建I+STEM（创新+科学、技术、工程和数学）职业领域”和“为国防部高级官员建立高新技术和创新培训计划”两项建议案，但尚未对“为重大技术倡议设置国防部快速通道”和“孵化并实施来自专业技术领域的新创意”两项建议案进行投票，会议认为还需进一步商榷。这四项建议案着眼于解决美国国防科技创新体系存在的问题，为加强国防科技创新能力提供支持。

俄罗斯国家杜马成立国防工业多样化发展工作小组 1月25日，俄罗斯国家杜马成立工作小组，在立法分析、制定建议方面为国防工业企业多样化发展创造条件。这项工作将在未来几个月开展，第一副议长亚历山大·茹科夫负责协调，小组成员将包括杜马委员会在经济政策、工业、创新发展和经营、国家建设和立法以及自然资源、财产和土地关系方面的代表。

美国国防部发布重组采办、技术与后勤副部长的实施指南备忘录 1月31日，美国国防部时任常务副部长的沙纳汉发布关于改组采办、技术与后勤副部长办公室的实施指南备忘录，提议将原采办、技术与后勤副部长下属的98个办公室和机构的职能，交由新的采办与保障副部长和研究与工程副部长负责。未来美国国防部在提升科技创新的同时，还需加速技术与采办文化的发展，改革流程、内部实践和规章制度，不断消除研究、工程、采办与维护的创新障碍。改组计划的实施需权衡所有职能领域业务流程改革选项，以确保资源的有效利用。

2 月

美国国防部机构发布《国防系统软件设计与采办》报告 2 月，美国国防科学委员会发布《国防系统软件设计与采办》报告，认为美国国防部应转变传统的瀑布式软件开发方法，采用商业界先进的迭代式软件开发方法，并为此提出采用软件工厂、推行迭代式开发策略、新项目实施迭代式开发、现行项目和遗留项目推进开发模式转变、建设人才队伍、改进软件维护、加大对机器学习等关键技术投入等七条建议。

美国陆军成立生物识别实验室加快生物识别数据的使用 2 月，美国陆军生物识别系统集成实验室在弗吉尼亚州北部的贝尔伏尔堡正式运行。作为新兴生物识别设备和网络能力的试验场，该实验室旨在实现更加高效简单的数据收集，并加快士兵与生物特征数据库之间的通信。为此，陆军研究人员正在推动采用虚拟化技术，保证数据连接，研发生物识别工具，并积极与工业界展开合作。

美国国会研究部发布《国防科技经费》报告 2 月 21 日，美国国会研究部发布《国防科技经费》报告，概述了 1978—2018 财年美国国防科技经费情况及发展趋势，强调了国防科技在支持军事竞争优势中的重要作用，阐述了美国国防科学委员会、国会等对国防科技经费水平、国防部基础研究经费水平的建议框架。为保障国防科技发展需求，美国国防科学委员会等机构借鉴商业部门的成熟经验，提出关于国防科技经费总体水平的两种方案，一是建议国防科技经费占国防部经费的比例提升到 3% 左右；二是建议国防科技经费占国防部研究、开发、试验与鉴定经费的比例提升到 20% 左右。

美国陆军研究实验室授予高校研究人员 2500 万美元的战场物联网研发合同 2 月，美国陆军研究实验室授予高校研究人员联盟一份价值 2500 万美元的合同，以进行“进化的智能目标驱动网络的战场物联网研究”，开发新的预测战场分析与服务。伊利诺伊大学厄班纳 - 香槟分校领导这个研究小组，小组成员还包括卡耐基梅隆大学、加州大学伯克利分校、加州大学洛杉矶分校、马萨诸塞大学和南加州大学的研究人员。

美国陆军“疯狂科学家”计划认为十大生物融合趋势将影响未来作战环境演变 2 月底，美国陆军训练与条令司令部主导的“疯狂科学家”计划发布影响未来作战环境的十大生物融合趋势：①生物技术与先进计算将实现深度融合；②人工智能将推动人类社会不断演进；③人效增强和人工智能辅助将使人类成为“超链接人”；④美国陆军将测量新兵和士兵的认知潜能及基准神经活动；⑤美国陆军将利用神经可塑性训练工具，全面提升士兵的认知潜能；⑥人效增强、基因组解码和不断改进的人工智能将对美国陆军的政策和伦理观造成压力；⑦对手的不对称伦理观将发挥更重要的作用；⑧认知增强和攻击人脑（神经系统）将成为现实；⑨未来战场上的化学和生物防御将变得更加复杂；⑩为避免错过生物科学对所有新兴领域的影响，未来关注重点必须超越人效增强范畴，解决生物如何影响材料、计算以及小规模创新等问题。

3 月

美国国防创新机构发布《中国技术转移战略》报告 3 月，美国国防创新试验小组（DIUx）发布《中国技术转移战略：中国作为战略竞争者如何通过投资新兴技术获取美国创新成果》报告。报告认为，中国正在执行一项数十年的技术转移计划，以增加其经济规模，并降低美国的全球影响力。

鉴于此，报告分析了中国通过风险投资等多种途径对美国技术的转移情况，并为特朗普政府管控中国的技术转移活动提供建议。

美国国防创新实验单元启动 xView 探测挑战赛推进计算机视觉技术发展 3 月，美国国防创新试验小组（DIUx）启动“xView 探测挑战赛”，希望以此推进计算机视觉技术发展，并改进国家安全和灾害应对能力。DIUx与国家地理空间情报局（NGA）开展合作，为该挑战赛创建最大的公开可用的卫星图像数据集。该挑战赛将评选出能最有效地为救灾和人道主义任务提供关切目标的算法，参赛者将角逐 10 万美元的奖金。

法国公布《法国人工智能发展战略》 3 月，法国总统马克龙公布了《法国人工智能发展战略》，将重点结合医疗、汽车、能源、金融、航天等法国较有优势的行业来研发人工智能技术，并宣布到 2020 年投资 15 亿欧元用于开发人工智能研究，为法国人工智能技术研发创造更好的综合环境。

欧盟确立“长期结构性合作”路线图 3 月，为实施“长期结构性合作”（PESCO），欧洲理事会制定了新的路线图，旨在加强 25 个欧盟成员国之间的防务合作。“长期结构性合作”有望促使成员国共同发展防务能力，强化防务计划的分享和投资，并提高各国武装部队的战备水平。该路线图为相关工作的开展流程和管理提供了战略方向和指导。“长期结构性合作”路线图还为国家计划实施的审查与评估制定了一份日程表，并对成员国所作承诺的实施途径进行了细化。

美国陆军开展科技创新构想虚拟推演竞比活动 3 月 8 日至 9 日，美国陆军举行主题为“生物会聚”的“疯狂科学家”会议。为配合此次会议，陆军负责研发与技术的助理部长帮办办公室与“科技未来”（SciTech Futures）团队合作开展了一次网上创意推演竞比活动，旨在邀请相关领域专家广泛参与，围绕“生物会聚与士兵2050”这一会议主题提出创新构想，预想生物会聚技术将如何改变未来冲突的特征。“科技未来”团队由陆军负责研发与技术的副助理部长与美国南加州大学创新技术研究所联合成立，旨在通过开展创新构想网上推演竞比活动，探讨科技进步将如何影响未来战争。

韩国发布新的5年工业计划（2018—2022年） 3月，韩国国防采办计划管理局（DAPA）宣布了新的5年计划（2018—2022年），以促进国防工业的发展。2018—2022年的计划旨在支持先进系统和平台的研发、减少对进口的依赖并刺激国防出口。

IARPA寻求确保美国技术优势 3月14日，美国情报高级研究计划局（IARPA）局长马塞尼表示，IARPA正采用多种策略来充分引导工业界的广泛参与，其中包括面向工业界发布跨机构公告，寻求针对公开项目的建议；针对那些无法容忍联邦复杂合同流程的公司举办公开竞赛，给予那些能解决实际问题的公司以现金奖励；举办锦标赛，吸引机构和个人的广泛参与等。IARPA关注的技术优势领域有视频信息分析、人工智能研究、量子计算研究等。

俄罗斯筹建大型军事创新科技园推进突破性技术研究 3月15日，俄罗斯国防部长绍伊古透露，俄罗斯国防部正在黑海之滨的阿纳帕市积极筹建名为“纪元”的大型军事创新科技园。该科技园运行后将专门从事突破性技术研究，前期准备工作目前正加紧进行，预计2019年9月1日投入使用。目前正在进行选拔拔尖人才、精选科研方向、明确阶段任务、组建导师队伍等工作。

俄罗斯国防部军事院校开展人工智能和机器人技术研究 3月，俄罗斯国防部副部长尼古拉·潘科夫在参加“人工智能：问题和解决路径”大会上表示，俄罗斯国防部军事院校中的数百个科研院所正在开展机器人技术、人工智能、军用自动控制系统和其他前沿方向的科学研究，科研成果将在新型武器装备系统和平台的研制中获得广泛的应用。在俄罗斯国防部所属的388个科研机构中，有279家集中在军事院校系统中，占比达70%，有将近1700名科学博士、超过9000名科学副博士在军事院校科研单位服务或工作。他们是积极参与人工智能、机器人技术、军事自动化控制系统和其他前沿科学研究的主力军。

美国政府发布新版《国家太空战略》概要文件 3月23日，美国政府网站发布新版《国家太空战略》的概要说明，该文件体现出特朗普政府主张的“美国优先”理念，寻求通过改进的军事航天方法和商业监管改革来保护美国太空利益。新版《国家太空战略》说明文件中有关国家安全太空的条款取代了2011年发布的《国家安全太空战略》，强调贯彻美国精神保持航天优势地位，在太空领域通过实力实现和平，并确定美国航天事业的新方向。

俄罗斯政府批准“库尔恰托夫国家研究中心2018—2022年研究计划”方案 3月24日，俄罗斯政府批准第502－p号《库尔恰托夫国家研究中心2018—2022年研究计划》方案。该计划的主要任务是建立与俄罗斯科学和技术优先发展领域相符合的新设备和新技术的研究方向；为国家科技园区设计、建造新一代的科研设施；确保核物理和材料科学中心安全、高效运作；提升俄罗斯工业在核物理研究方面的技术潜力；培养新一代高素质专家和研究人员。该计划的资金总额为1729.4亿卢布，其中预算内资金为1504.4亿卢布。

美国网络司令部发布《美国网络司令部愿景：实现并维持网络空间优势》 美国网络司令部发布一份题为《美国网络司令部愿景：实现并维持

网络空间优势》的新战略文件，旨在帮助网络司令部实现并维持在网络空间领域的优势。该文件的发布标志着美军网络作战和战略思维的重大变革，将为全球数字环境的安全性和稳定性发展带来新的机遇，并将指导、同步和协调网络司令部在网络空间领域的规划和作战，捍卫和推进美国国家利益。

欧洲防务基金启动首个大型研究项目 3 月 28 日，欧盟委员会与国防行业财团签署了首个由欧盟资助的主要国防研究项目。这预示着 2020 年继欧洲防务基金全速运转后，将有更多研究项目出现。这项名为“OCEAN 2020”的项目为期两年，将获得 3500 万欧元（4300 万美元）的资助，测试地面和水下无人机与欧盟各国海军载人平台的结合情况，提高海上态势感知能力。该研究项目将为欧洲未来的防务能力和国防工业的发展奠定基础。

美国海军研究署发起激发和加速创新的项目 3 月 29 日，美国海军研究署在海军研究生院举办一场启动会，正式发起海军创新过程采纳（NIPA）项目，以激发海军和海军陆战队的创新热情。海军创新过程采纳项目旨在解决海军面临的组织难题，涉及从供应商到作战中心的各类组织，以及从理解问题时的“灵光一现”到研究和交付原型样机的整个时间轴，赋予海军和海军陆战队解决难题的通用语言和方法。该项目基于的 H4X 方法，融合了硅谷最好创业方法的许多个方面，已被国防部和其他政府部门广泛采用。

日本 JAXA 发布 2018—2025 年中长期发展目标及其计划 3 月 30 日，日本发布宇宙航空研究开发机构（JAXA）2018—2025 年中长期发展目标及其计划文件。文件涉及提高运行效率、完善财务分配等内容，重点阐述了为航空航天发展目标及为实现目标采取的计划。

4 月

欧盟委员会发布政策文件《欧盟人工智能》 4 月，欧盟委员会发布政策文件《欧盟人工智能》。该报告提出欧盟将采取三管齐下的方式推动欧洲人工智能的发展：增加财政支持并鼓励公共和私营部门应用人工智能技术；促进教育和培训体系升级，以适应人工智能为就业带来的变化；研究和制定人工智能道德准则，确立适当的道德与法律框架等。

英国政府发布《人工智能行业新政》报告 4 月，英国政府发布了《人工智能行业新政》报告，涉及推动政府和公司研发、STEM 教育投资、提升数字基础设施、增加人工智能人才和领导全球数字道德交流等方面内容，旨在推动英国成为全球人工智能领导者。

英国发布《国防知识战略》 4 月 3 日，英国发布《国防知识战略》，阐述国防部如何成为一个重视知识、促进挑战和不断学习的组织，旨在改善国防部利用技能、经验和专业知识的方式。战略提出的愿景是，知识和专业技能将成为国防领域的重要资源，由支持知识探求、知识共享的环境支撑，促进挑战并鼓励不同层次的人员建立持续学习能力。

美国国防部任命前摩根大通 IT 高管为新常任首席信息官 4 月 5 日，美国国防部宣布任命前摩根大通 IT 高管德纳・迪西为常任首席信息官，解决国防部最紧迫的云计算等技术挑战。《2018 财年国防授权法》提出拆分国防部首席信息官的职责，国防部首席信息官的职责将由首席管理官和首席信息战官分担。首席管理官将承担当前首席信息官的业务职能。

美国国防部发布《2018—2022 财年国防业务运行规划》 4 月 9 日，美国国防部首席管理官发布《2018—2022 财年国防业务运行规划》，阐述了国防业务运行的总体情况，提出了国防业务运行的战略目标、重点任务和实施管理措施。

美国海军陆战队将举办“创新日”活动 美国海军陆战队作战实验室发布信息征询书，宣布将在4月10日与学术界和工业界共同举办一场非公开的“创新日”活动，探讨“远征前进基地作战”新概念，在活动上展示有助于实施这项新计划的新兴技术。“远征前进基地作战”概念寻求的是可替代大型舰船、难以瞄准的前沿基地基础设施，帮助美国海军及联合部队构建更有弹性的前沿基础态势，在对手远程精确火力射程内生存、协作和作战。

美国空军研究实验室成立自主能力研究小组 4月11日，空军研究实验室自主领域的三大优先事项包括增加杀伤力，提高作战空间的态势感知以及彻底改变作战流程。为了应对自主领域的挑战，实验室成立了“自主能力第三小组”（ACT3）的工程小组，致力于推进军事自主和机器学习技术的发展。小组由30多名研究人员组成，科学家斯蒂文·罗杰斯负责领导工作。作为空军人工智能组合的一部分，ACT3自主特别行动小组将自身定位为初创公司，致力于推进快速追踪数据处理、开发和传播等研究。

印度成立国防计划委员会 4月，印度成立国防计划委员会。该委员会的主要职能包括制定国家军事与安全战略、监督并建设国防工业能力以及加速武器装备采办等。该委员会通过政策与战略、计划与能力发展、国防外交和国防工业制造等小组开展工作，旨在强化本国国防战略规划与军事能力发展的紧密衔接、简化武器装备采购流程、起草政策措施并确定未来军事发展目标。

美国国防科学委员会将开展“2018年战略突袭”夏季研究 4月20日，美国国防部研究与工程副部长迈克尔·格里芬签署备忘录，要求国防科学委员会开展“2018年战略突袭夏季研究”，旨在审查美国军事领域的潜在盲区，衡量未来对手的技术能力和操作概念，以阻止未来十年的“战略突袭”。

美国国防科学委员会成立特别工作组为国防部十大技术领域制定发展战略 4月20日，研究与工程副国防部长迈克尔·格里芬委托国防科学委员会成立一个技术战略特别小组，在9周期限内就格里芬最近甄选的优先技术领域的发展战略具体内容提出建议。格里芬提出的十大优先发展技术领域分别是高超声速，定向能，指挥、控制与通信（C^3），太空进攻与防御，网络安全，人工智能/机器学习，导弹防御，量子科学与计算，微电子以及核现代化。

5月

美国国防部发布《2017年度工业能力》报告 5月，美国国防部发布《2017年度工业能力》报告。这是其自1997年开始向国会提交的第21个国防工业能力年度评估报告。该报告对照军事能力或装备项目需求，审查了国防工业能力的问题或短板，提出了解决措施，旨在巩固和维持国防工业基础，更好地监管国防工业能力、促进国防工业基础发展。

韩国制定《人工智能发展战略》 5月，韩国政府制定了《人工智能发展战略》，将从人才、技术和基础设施三方面入手，计划在2020年前新设六所人工智能研究生院，推动人工智能技术发展，追赶人工智能世界强国。

澳大利亚发布国家安全领域新科技术发展政策 5月1日，澳大利亚国防部发布了关于国家安全领域新科学与技术发展政策。该政策强调在未来科学研究和新技术发展的过程中必须以将维护国家安全列为最优先地位。新政策涉及的主要领域包括：网络安全、情报、边境安全和身份识别管理、调查研究及其刑侦技术、预防和对突发事件等应急管理、预测技术发展趋势等。

欧洲发布《欧洲进入太空：小型运载的商业和政策展望》摘要 5月，欧洲空间政策研究所发布《欧洲进入太空：小型运载的商业和政策展望》一书的执行摘要。本研究报告分析了全球微小卫星发射服务市场的发展动态，尤其关注微小卫星的未来发展趋势和前景。

白宫成立人工智能特别委员会 5月10日，美国白宫宣布成立人工智能特别委员会，委员会成员由各政府部门人工智能领域的高级研究人员组成，包括商务部标准与技术副部长、国防部研究与工程副部长、DARPA局长、能源部负责科学的副部长、国家科学基金会主任，以及行政与预算办公室和国家安全委员会的代表。该委员会由科学与技术政策局管理，在国家科学与技术委员会内运作，其任务是加强联邦人工智能相关工作的协调，确保美国在这一领域继续保持领先地位，负责评估研发事务优先级，以更好地协调联邦政府在人工领域的投资。

英国航天工业界发布《航天繁荣》战略文件 5月11日，航天发展伙伴关系（SGP）发布了名为《航天繁荣》的战略文件，为未来十年英国航天发展提出发展愿景。该战略认为英国航天工业目前价值137亿英镑，其中36%来自出口。在此基础上，未来航天工业发展将侧重于对地观测信息、信息互联服务、在轨机器人技术、低成本进出太空等四大领域的优先事项。

美国国土安全部发布首个网络安全战略 5月15日，美国国土安全部发布首个《网络安全战略》，阐述了未来五年内在网络安全领域的发展愿景、目标、实现途径等，为其实施美国国家层面的网络安全风险管理提供指导。

日本新版《海洋基本计划》将重点从资源开发转向安全保障 5月，日本制定新版《海洋基本计划》。该计划认为由于周边国家公务船进入日本领海以及外国渔船违法作业等，日本的海洋安全形势日益严峻，海洋权益面临巨大威胁，因此将重点领域从资源开发转向安全保障。为保证及时掌握海洋情况，计划要求内阁府统一管理人工卫星等途径获取的情报，并在防卫省、海上保安厅以及其他相关政府部门之间实现共享，要求与同盟国、友好国之间合作，强化海洋监视体制。

英国将制定《国防航天战略》 5月，英国国防大臣加文·威廉姆森在英国首次举行的国防航天会议上宣布制定英国首个国防航天战略，并承诺提升专业技术水平，确保英国继续处于航天疆域的前沿。他还表示，随着英国军事系统日益依赖航天技术，英国皇家空军司令部已开始负责英国军事太空作战的指挥和控制，以捍卫英国在太空中的利益。

首次美、英联合防务创新委员会会议宣布启动人工智能中心 5月21日，英国国防大臣加文·威廉姆森主持首届美、英联合防务创新委员会会议，会上宣布启动国防数据科学旗舰实验室，基于国防部国防科技实验室（DSTL）进行建设。该AI实验室将从事不同领域的高水平研究，包括自动驾驶、智能系统、打击假新闻、利用信息阻止和缓和冲突、增强计算机网络防御、协助指挥官改进决策等，将增强和加速英国将人工智能相关技术应用于国防和安全挑战方面的世界级能力，以探索在未来保持军事优势的重要合作领域。

美国特种作战司令部发布十大技术需求 5月21日至25日，美国国防工业协会和美军特种作战司令部共同举办“2018年特种作战部队工业展”。为适应美国国防部2018年《国防战略》中提出的国家间战略竞争，在应对大国冲突中发挥关键作用，保持高精尖关键技术，推动特种作战能力发展，特种作战司令部宣布了十大技术需求。

俄罗斯先期研究基金会展示新一代电动机模型 5月，俄罗斯经济现代化与创新发展委员会主席团在“光荣”科技园召开会议期间，先期研究基金会向总理德梅德韦杰夫展示了以第二代高温超导体为基础的电动机（HTSC）模型。HTSC电动机由先期研究基金会与SuperOx公司联合研发，采用多种新材料和技术，该电机具备紧凑轻便、密度大、功率高等特点。

澳大利亚国防部启动首个合作研究中心 5月，澳大利亚国防部启动首个合作研究中心。该中心由“下一代技术基金”资助，成立的目的是开展相关研究，并向国防部提供“改变游戏规则”的自主技术，确保人与机器合作的可信性和有效性。国防合作研究中心的首批创始公司成员包括BAE系统澳大利亚分公司、DefendTex公司、皇家墨尔本理工大学和国防科学与技术组织。首批项目是泰雷兹澳大利亚公司、洛克希德·马丁公司和BAE系统公司分别领导的海、陆、空三个研究项目。

6月

DARPA战术技术办公室举办“虚拟提案者日” 6月6日至7日，DARPA战术技术办公室主办“虚拟提案者日”，通过预先录制视频介绍战术技术办公室目标和投资范围，提供将在6月中旬之前发布的关于“2018年未来战争的颠覆性能力”广泛机构通告的相关信息。该活动旨在识别和展示可选择的、能够颠覆对手决策演算的作战概念、架构和能力；为公司和个人提供与项目经理直接交流的机会，可以就军事任务体系的高级研究、开发和演示等概念进行讨论。

法国参议院通过《2019—2025年军事规划法案》草案 5月29日，法国参议院以压倒性票数通过了《2019—2025年军事规划法案》草案。该法案草案结束了法国几十年来国防预算下降的趋势，并满足了战略自主、巩固欧盟防务和预算主权的需求，特别是有助于实现法国总统马克龙提出的到2025年国防预算占法国国内生产总值2%的目标。

欧盟委员会启动欧洲低成本航天发射大赛 6月，欧盟委员会启动“欧洲创新委员会地平线奖”活动，向社会公开征集为轻型卫星提供低成本发射服务的创新、商业可行的解决方案。该奖项的奖励金额高达100万欧元，申请截止日期为2021年6月1日。轻小型卫星对于改善天基连接、互联网服务、地球成像和定位至关重要。为确保能够独立发射这些卫星，欧盟需要为小型卫星提供专用发射服务。欧盟委员会要求参赛者提交一种技术上独立、超出现有解决方案的低成本发射方案，将轻型卫星发射到低地球轨道。

印度承诺建设第二个创新中心 6月，印度政府宣布计划在西部马哈拉施特拉邦的纳西克市建立第二个防务创新中心。创新中心定位于支持中小微企业为印度武装部队提供产品和服务开发。纳西克市已经被选为创新中心，因为该市有大量的中小微企业，这些企业有能力集成到附近浦那和孟买工业区的设备制造商的供应链中。印度第一个国防创新中心将在南部城市哥印拜陀建立。政府在1月份表示计划建立该创新中心，将拨款2亿印度卢比（300万美元）支持该项目，预计当地工业部门将提供额外的资金支持。

欧盟2021—2027年预算加大对安全与防务投入 欧盟委员会发布2021—2027年财政预算提案，加大对防务和安全的投入，旨在提高欧盟战略自主权、增强欧盟保护公民的能力，使欧盟成为一个更强大的全球参与者。新的130亿欧元的防务基金将为最先进的、完全互操作的技术和装备提供资金支持，如加密软件、无人机技术等。

欧盟委员会组建人工智能高级小组并推出欧洲人工智能联盟 据欧盟委员会6月14日报道，欧盟委员会已任命52名专家组建新的人工智能高级小组。小组由来自学术界、商业界和社会团体的代表组成，将支持2018年4月发布的《欧盟人工智能》文件的落地实施。高级专家小组将就如何处理与人工智能有关的中长期挑战和机遇提出建议。

欧防局指导委员会批准2018年欧盟能力发展重点 6月，欧洲防务局指导委员会签署了2018年欧盟能力建设计划，并批准了相关能力发展优先事项，以此作为欧盟及其成员国的主要参考。该计划及其优先事项将有助于确定未来合作活动。能力建设计划给出了一幅完整的能力制图，支持欧盟和国家层面的有关军事能力发展的决策过程，从而有助于提高成员国防务计划的连贯性。

美国政府成立多个量子技术应用小组推动量子技术发展 6月18日，负责研究与工程的副国防部长格里芬签署备忘录，要求国防科学委员会组建量子技术应用任务小组，并考虑一些关键问题：技术准备成熟度及量子技术在国防应用领域的挑战；大学、政府实验室和国内外工业界的相关技术研发情况；可分别用于商业/国防的技术，对于国防部应用，设计、制造、测试和使用所需的技术是否会保持持久差异化；实施这些技术所需的辅助技术。6月22日，美国国科学和技术政策办公室在国家科学和技术委员会下成立量子信息科学小组。该小组将负责协调联邦政府在量子技术研发方面的措施和议程，发挥量子技术对国家经济和安全的推动作用；负责制定与量子信息科学相关的国家议程，从技术角度探讨量子技术对美国经济和国家安全的影响，并为联邦政府提供政策建议。

美国国防部高层阐述对手军事技术转移的威胁及对策 6月21日，美国国防部负责情报的副部长帮办、负责制造和工业基础政策的助理部长帮办、负责研究与工程的副部长以及美国国家情报总监办公室官员在众议院听证会联合发表证词，阐述了中国等竞争对手的军事技术转移活动对美国国家安全的威胁和影响、美国国防部在应对技术转移威胁方面的重点工作，以及保持技术优势需采取的措施。

美国众议院通过两项航天政策法案 6月27日，美国众议院通过两项航天法案——《美国太空技术和先进火箭领导法》（ALSTAR）以及《商业航天支援飞行器法》，两项法案强调了美国在火箭推进研究以及商业航天飞行器领域的领导能力。ALSTAR法案要求，马歇尔太空飞行中心是美国非军事火箭推进研究的牵头中心，该中心要采取措施，从与工业界的跨部门协调及合作，到评估和推荐具体技术，来促进未来航天项目的发展。《商业航天支援飞行器法案》指示交通部通过联邦航空管理局颁发“太空支援飞行器”的许可证和试验许可证，其中包括为支持商业发射提供的飞行训练或研究，如维珍银河公司正在开发的“平流层发射巨型隐身飞机”等。

国防部组建“联合人工智能中心” 6月27日，美国国防部时任常务副部长的沙纳汉发布备忘录，宣布成立一个由国防部首席信息官主管的“联合人工智能中心”（JAIC）。组建“联合人工智能中心”的总体目标是加速交付人工智能能力，扩大人工智能在整个国防部范围的影响力，并同步国防部的人工智能活动，以提升联合部队的优势。

7月

德国发布《联邦政府人工智能战略要点》文件 7月，德国联邦政府发布《联邦政府人工智能战略要点》文件，要求联邦政府加大对人工智能相关重点领域的研发和创新转化的资助，加强同法国人工智能合作建设、实现互联互通；加强人工智能基础设施建设，以将该国对人工智能的研发和应用提升到全球领先水平。德国政府计划将在 2018 年底正式推出国家层面的人工智能发展战略。

美国陆军成立未来司令部加速军事现代化 7 月 1 日，美国陆军新组建的未来司令部开始运行，将于 2019 年 7 月 1 日具备完全作战能力。该司令部是与陆军部队司令部、训练与条令司令部、装备司令部并列的美国陆军第四大司令部，其成立是 1973 年设立陆军部队司令部和训练与条令司令部以来美国陆军最大的一次机构重组。未来司令部的主要职责是通过完善和落实陆军现代化战略，增强杀伤力和战备能力。具体包括面向未来作战，对作战环境、新威胁、新技术等进行评估，发展并交付满足未来作战需要的概念、需求、部队设计以及现代化的装备方案等。

俄罗斯国家技术集团成立专门公司从事军事技术商业化 7 月，俄罗斯国家技术集团所属的“自动化”康采恩和“城堡”公司联合成立了一家名为“氪”的科学生产企业，将在信息安全领域的军用研究成果基础上从事民用 IT 产品的研发，如区块链。成立联合公司的初步投资超过 40 亿卢布。该联合企业的主要活动领域是密码学和量子计算、机器学习和大数据存储、基于区块链技术的安全解决方案、电信标准及其安全。该公司的任务是为国防工业领域企业和研究机构研制的创新方案和技术的商业化应用吸引投资，以及在信息安全和大数据领域发展自身的能力。

美国国防部研究与工程副部长办公室机构改革最新进展 7 月 13 日，美国国防部时任常务副部长沙纳汉签署“研究与工程、采办与后勤副部长办公室重组”备忘录。这份备忘录公开了研究与工程副部长办公室下属机构的组成情况，同 1 月国防部发布的备忘录相比，新版组织结构图出现明显变化。根据备忘录，国防部研究与工程副部长的使命是聚焦未来，以国防部首席技术官的身份推进技术和创新。研究与工程副部长办公室增设一名副部长帮办，直接向副部长汇报工作，并管理和监督其他下属机构（国防科学委员会除外）。

英国发布《空中作战战略》 7月，英国发布《空中作战战略》。该战略明确英国未来如何保持空中作战优势并保证在实现优势方面享有选择权。战略显示，英国将继续投资升级“台风”战斗机，改进其系统，以实现“超越第四代战机”的能力；在未来的空中战斗采办计划中获得经济、国际和战略方面的好处；突出英国前沿技术和知识产权的重要性，包括如何产生、维持和利用这些技术和知识产权；加强有效国际合作在提供下一代能力、加强相互优势和机制以实现未来互操作性方面的重要性；启动空中作战能力采办计划，在“台风”退役后提供所需能力，并在2035年提供初始作战能力。

普京强调俄罗斯航天工业领域的三大关键任务 7月18日，俄罗斯总统普京与俄罗斯航天国家公司新一届领导班子举行工作会议，要求国家公司领导层专注于当前航天领域的三大关键任务，一是要继续扩大卫星轨道集群，提高卫星及其运载工具的质量和可靠性，确保供应现代化的国产电子元器件，增加卫星在轨工作期限；二是要按时完成几个重大项目，包括在规定期限内建造中型和超重型运载火箭及其发射综合设施，分别在2022年和2028年开始飞行试验；三是要进一步发展“安加拉”系列运载火箭，组织开展从东方发射场发射“安加拉”-A5重型火箭的地面基础设施建设工作，确保2021年开始执行发射任务。此外，普京还指出俄罗斯航天工业当前过于依赖国家预算资金，强调俄罗斯航天国家公司应当加快多样化生产转型，并通过提供地理信息、导航、通信等商业服务获得稳定收入。

美国国防科学委员会发布《将网络视为一种战略能力》非机密版报告摘要 7月，美国国防科学委员会在官网公布《将网络视为一种战略能力》

报告摘要。报告认为，美国的战略竞争对手和其他国家形成了有效的战略网络能力和理论，美国必须拥有慑止敌方网络攻击的能力。美国必须迅速采取行动以确保战略网络成为获得作战效应的一种选项，确保美国维持目前的全球态势并保护美国本土免受敌方勒索和入侵。

韩国公布新版国防改革计划 7 月 27 日，韩国国防部公布最新的《国防改革 2.0 倡议》，旨在应对地区不稳定性、满足先进技术日益增长的需求，并提升韩国武装部队作战效率，加强韩国国家安全。国防部表示，从 2019 年至 2023 年，此次国防改革大约耗费 270.7 万亿韩元（约合 2418 亿美元），相当于其年度国防预算增加了 7.5%。根据新倡议，韩国将继续推行其有争议的军事战略——“三轴作战防御体系”：由“杀伤链”系统、“韩国型导弹防御系统”及“大规模惩戒报复作战”组成，集打击、防御和威慑功能于一体。

美国白宫发布《2020 财年政府研发预算优先事项》备忘录 7 月31 日，美国白宫行政与预算办公室发布《2020 财年政府研发预算优先事项》备忘录，为政府各机构制定 2020 财年预算提供指导意见。备忘录重点强调了国民安全，AI、量子信息科学及战略计算，连通性和自主性，制造业，太空探索和商业化，能源，医学，农业等 8 个方面的研发优先事项。

美国国土安全部成立关键基础设施防御中心 7 月，美国国土安全部成立了国家风险管理中心，旨在促进关键基础设施网络威胁的跨部门信息共享与协作响应。7 月 31 日，在纽约市举行的网络安全峰会上，国土安全部部长将该中心描述为美国政府主导的新型联合防御战略的基础，旨在更有效地响应美国利益在网络空间遭遇到的威胁。该中心将集中来自政府各部门及私营产业的安全专家。

8 月

美国“国防创新试验小组”更名为“国防创新小组” 8 月9 日，美国国防部宣布“国防创新试验小组”（DIUx）更名为“国防创新小组”（DIU）。时任国防部副部长的沙纳汉表示，此次更名意味着它将成为国防机构体系中的一个永久性机构，并将继续试验向作战人员交付能力的新型方式与方法。DIUx 由前任国防部长卡特于 2015 年 7 月建立，其主要职责是加强国防部与硅谷企业之间的合作，使国防部从商业领域技术的快速创新中受益，让中小企业成为国防创新的引擎。

美国设立“人工智能国家安全委员会” 8 月13 日，美国总统特朗普签署《国防授权法案》，要求设立“人工智能国家安全委员会”，旨在全面审查、分析人工智能技术及系统，并为国会和美政府编写人工智能报告，提出规划建议。《法案》要求该委员会采取必要的方法和手段，推动美国人工智能、机器学习和相关技术的发展，全面满足美国国家安全和国防需要。该委员会成员将由参、众两院主席任命，主要任务包括：评估人工智能在军事中的风险，以及对国际法的影响；考查人工智能在国家安全和国防中的道德问题；建立公开训练数据的标准，推动公开训练数据的共享。

美国国防部将出台新版《国防科技战略》 8 月13 日，美国总统特朗普签署《2019 财年国防授权法》。根据法令要求，美国国防部长应在 2019 年2 月4 日之前制定新版《国防科技战略》，阐明国防部的科学技术发展重点、发展目标和投资，并就国防未来研究与工程组织体系以及如何在战略竞争时代保持优势提出建议。这是 2007 年美军将《国防科学技术战略》调整为《国防研究与工程战略规划》后，再次将战略恢复原名称，相关内容也做出调整，充分体现了美军在大国竞争与国防部改革的时代背景下，更加聚焦国防科技工作，寻求通过加强顶层统筹指导，加速国防科技创新发展。

印度启动国防创新倡议和挑战赛 8月，印度国防部启动“辅助原型与分析启动”倡议和“印度国防创企问题”挑战赛。前者将征集相关军事技术解决方案；后者是“国防优势创新”计划的一部分，该计划由印度总理于2018年4月提出，旨在打造自主的“国防创新和企业精神”生态系统。国防部将借挑战赛资助初创企业和小型企业，促进关键军事技术的商业化。挑战赛重点关注内置传感器的单兵安全系统、离线加密或分级安全工具、基于4G的战术局域网、先进海水淡化系统和舱底水油分离系统、智能物流、遥控飞行器、激光武器、无人水面和水下系统等11个主题。国防部将为每个中选项目提供22万美元。

9月

法国国防创新局正式成立 9月1日，法国国防创新局正式成立。国防创新局由法国国防部武器装备总局负责，在2018年底之前让国防部的所有行为体参与其中。该机构将向民用经济和初创企业开放，并将面向整个欧洲。它将启用新的工具以及国防部新干预方式，特别是加快试验进程。国防创新局预算将逐步增加，从2022年起每年可达到10亿欧元。

澳大利亚公布2018—2019财年国防创新中心投资重点 9月3日，澳大利亚国防部长克里斯托弗·派恩宣布政府2018—2019财年国防创新中心投资重点。澳大利亚政府将在未来十年内投资16亿美元用于国防工业和创新，其中6.4亿美元通过国防创新中心用于支持创新技术的开发。政府的国防创新方法由其国防战略推动，以确保创新投资与澳大利亚能力优先事项相对应。

德国通过《2025 高科技战略》 9 月 5 日，德国内阁通过了由德国联邦教研部主持制定的 2025 高科技战略，将投资 150 亿欧元（174 亿美元）促进尖端技术发展。新的高科技战略汇集了德国联邦政府各部门的研究和创新政策举措，涵盖六个重点领域：①健康和护理；②可持续及气候保护和能源；③零排放智能化交通；④安全：对于一个开放和自由的社会；⑤城市和国家：宜居环境和可持续发展；⑥经济和劳动力 4.0。

DARPA 启动 AI Next 项目致力于开发第三代人工智能技术 9 月7 日，DARPA 宣布启动 AI Next 项目，未来 5 年将为此投资高达 20 亿美元。AI Next项目基于 DARPA 过去 60 年引领开发的两代人工智能技术，旨在解决国防部最棘手的问题，并定义和塑造未来的发展趋势。

美国国会通过核能创新能力法案 9 月 13 日，美国众议院通过《核能创新能力法案》，这标志着美国核创新立法及先进反应堆商业化正稳步进行。该法案将指示能源部优先与私人创新者建立合作伙伴关系，以测试和展示先进的反应堆概念；授权建立一个国家反应堆创新中心，汇集美国国家实验室和能源部的技术专长，以便能够建造实验反应堆；指示通过高性能计算机建模和模拟技术，提高开发新反应堆技术的能力。

美国公布《2018 年国防部网络战略》概述 9 月 18 日，美国国防部公布了《2018 年国防部网络战略》摘要，这是美国国防部近三年来发布的第一份网络战略文件。战略指出，中国和俄罗斯是其网络空间的“长期战略竞争对手”；要求无论是在军事冲突或和平时期美国军队都要加强网络空间能力，增强攻击性网络行动的军事杀伤力和效力，为未来冲突做好准备。战略明确了网络空间战略竞争应对举措及目标，提出确保网络空间安全的战略措施，并对国防部进行改革。

美国发布《国家生物防御战略》 9月18日，特朗普签署第14号国家安全总统备忘录，公布美国《国家生物防御战略》。新战略认为，生物威胁是美国面临的最为严重的威胁，管理生物事件风险，是美国的战略利益。其愿景是积极有效地对各种生物威胁风险进行预防、准备、响应、恢复和减轻，意图通过美国政府层面的统一协调，更有效地管理生物威胁的防范和应对活动，同时与国际伙伴、工业界、学术界、非政府实体和私营部门合作，共同开展生物防御工作，保护美国人民免受生物威胁。

美国政府发布《云智能战略》草案 9月24日，美国政府行政与预算办公室发布《云智能战略》草案，旨在更新奥巴马政府于2010年制定的“云优先”政策，使各机构采用简化转换程序、包含现代功能的云解决方案，为各机构提供所需工具，方便各机构根据其职能需求做出信息技术决策，并充分利用商业解决方案提供最佳服务。《云智能战略》提供了一种综合、跨学科的方法，试图将安全性、采办和劳动力三个领域结合起来，形成一个统一战略。美国联邦各机构将在未来18个月内贯彻执行该战略。

美国白宫发布《量子信息科学国家战略概述》 9月24日，美国白宫科技政策办公室（OSTP）国家科学技术委员会（NSTC）发布《量子信息科学国家战略概述》。白宫方面认为，量子信息科技将引领下一场技术革命，给国家安全、经济发展、基础科研等带来重大变革。文件系统性地总结了量子信息科学带来的挑战、机遇，以及为维持和扩大美国在该领域领导地位应做出的努力。

NIST与SRI合作建立量子经济发展联盟 9月，美国国家标准与技术研究院（NIST）和斯坦福国际咨询研究所（SRI International）签署了一项合作研发协议，组建量子经济发展联盟（QEDC）。该联盟将有效协调国家、学术和行业合作伙伴之间的资源，进行量子研究与开发工作，奠定美国在全球量子研究和发展及计算、通信和传感等新兴量子产业方面的领导地位。NIST 和 SRI 计划在未来几个月内开展研讨会，确定联盟的结构、管理方式及主要研发领域。

10 月

美国政府制定新的联邦数据战略 10 月，美国政府制定新的联邦数据战略。该战略旨在支持和完善《总统管理议程》的跨机构优先级目标，即利用数据并将其视为战略资产。目前，美国商务部、联邦首席信息官办公室、小企业管理局和白宫科技政策办公室联合发布新战略的草案，该草案包含 47 个实践清单，服务于五大目标：将数据作为战略资产进行管理；保护数据和保障数据安全；促进数据资产的有效利用；形成一种将数据视为资产的文化；重视利益相关者和合作伙伴的成果和意见。

美国国防科学委员会开展 2019 年夏季研究以确保美国未来军事优势 10 月 1 日，负责研究和工程的国防部副部长迈克尔·格里芬发布一份备忘录，要求国防科学委员会开展 2019 年"美国未来军事优势"的夏季研究。这项为期一年的新研究项目将探讨"发展传统武器系统以外的创新方式和方法以实现国防战略目标"，研究美军如何充分利用现有特定技术优势以便在未来作战中取胜，以及如何通过利用对手的价值观和应对敌方的虚假描述。这反映了美国高级政策制定者对于应对中国和俄罗斯武装力量持续发展的持续担忧。

美国陆军颁布成立 AI 任务小组指令 10 月 2 日，美国陆军部长马克·埃斯珀签署题为《陆军指令 2018—18（陆军人工智能任务小组以支持国防部联合人工智能中心）》的指令，要求成立陆军人工智能任务小组。陆军人工智能任务小组将由未来司令部指挥，旨在迅速整合和同步整个陆军体系和国防部国家军事行动的人工智能活动，缩小现有人工智能能力缺口，为国防部联合人工智能中心提供支持。

美国发布《确保美国先进制造业领先地位战略》报告 10 月5 日，美国总统行政办公室发布了2018 年《确保美国先进制造业领先地位战略》报告，该报告由美国国家科学技术委员会的技术委员会下属先进制造分委会编写，旨在实现“维持美国先进制造业的领先地位，以确保国家安全和经济繁荣”这一愿景。为了帮助实现这一愿景，报告详细分析确定了九项影响先进制造业创新和竞争力的关键因素，并在此基础上提出了三大战略目标，即开发和推广新的制造技术，加大教育、培训和输送劳动力，扩大国内制造业供应链能力。

美国国防部发布《美国制造业和国防工业基础及供应链弹性》报告 10 月5 日，美国国防部发布《评估并强化美国制造业和国防工业基础及供应链弹性》报告。报告解释了造成美国制造业和国防工业基础十种风险形态的五种宏观因素，阐明了这些风险形态对各部门的影响，并提出了风险缓解建议。报告发现，财政减赤以及美国政府支出的不确定，美国制造业能力的衰落，美国政府的业务实践，竞争国家的工业政策，美国劳动力科学、技术、工程和数学（STEM）以及贸易技能的衰退这五种宏观因素影响整个工业基础的发展，使之能力恶化。这些宏观因素导致国防部供应链不安全的局面。对此报告提出一系列建议，强化美国制造业和国防工业基础及供应链弹性。

英国发布《包容的力量：2018—2030 年国防部多样性和包容性战略》 10 月12 日，英国国防部发布《包容的力量：2018—2030 年国防部多样性和包容性战略》。该战略将以已开展的工作为基础，确保多样性和包容性是国防部所有工作的重要组成部分，包括其劳动力政策、文化和行为。

该战略明确阐述了国防部希望在未来成为一个包容性的组织，能够适当代表英国社会，并推动更广泛社会中的包容性。

美、英两国举办首次联合挑战赛 10 月，美国国防部与英国国防与安全加速器举办一项联合挑战赛，称为“Don’t Blow It”。该挑战赛旨在寻求新的技术，并加快其在战场上的应用，以应对生化武器和简易爆炸装置等威胁。此次系两国首次联合举办挑战赛。竞赛的第一阶段获胜者将获得 63.6 万美元的概念和提案资金；第二阶段的获胜者将获得 190 万美元的原型和演示资金。竞赛结束后，美、英两国将开始联合应用新技术。

能源部启动有关增材制造的“制造创新挑战” 10 月 24 日，美国能源部宣布了两项新的制造业奖项，作为制造创新挑战的一部分，为下一代制造业提供众包解决方案，以提高能源生产力并加强美国的工业基础。此次奖项由能源部与全球最大的自由职业者聚集和众包平台 Freelancer.com 合作推出。两个奖项均集中于增材制造。

美国国防部成立核心技术护卫小组以应对网络窃取行为 10 月 24 日，一份备忘录显示，时任美国国防部长的马蒂斯成立“核心技术护卫小组”(PCTTF)，以保护美国核心技术。PCTTF 将直接受命于沙纳汉和联合参谋长联席会议副主席保罗·塞尔瓦将军。组内还包括来自美国中央情报局和美国国防安全局的代表。此外，美国国土安全部于 10 月 30 日也成立了一个工作组，负责防范以及规避美国计算机和通信系统方面的风险。

美国空军启动太空态势感知创新挑战赛 10 月 29 日，美国空军和莱特兄弟研究所共同启动 VQ – Prize 竞赛，为创建太空态势感知可视化工具（包括增强现实和虚拟现实解决方案）提供现金奖励，旨在鼓励大学、个人、小型企业等非传统行业合作伙伴与军事客户合作。竞赛截至 2019 年 1 月 15 日，将颁发最高 10 万美元的奖金，并设置多个奖项。美国空军希望获得创新的可视化工具，以增进太空运行人员对在轨卫星各方面的理解和认识。这些工具必须能使运行人员直观获取并快速使用大量的太空物体数据，用图片或图表进行高效处理，并能够根据需要，或在收到告警时编立不同类型的视图。

美国陆军将“多域战”概念更改为“多域作战”　10 月份，美国陆军将“多域战”（MDB）作战概念改为“多域作战”（MDO）。美国陆军评估了“多域作战”在当前和未来战场上的应用，将继续推出“多域作战”概念 1.5 版本，以进一步改进陆军作战指导思想和要求，确保军队能够在当前和未来的战场上取得胜利。在 1.5 版本中，“多域作战”概念的变化表现在以下几个方面：①增加了作战的清晰度，从中可看到遂行“多域作战”的更多细节。②作战分析更为严谨。“多域作战”概念已趋向成熟，有大量的数据、实验和分析支撑。③陆军将投入更多力量分配“多域作战”任务或研究如何协调多个梯队以更好地遂行“多域作战”。

11 月

DARPA 公布“电子复苏倡议”第二阶段计划　DARPA 于 2017 年 6 月首次公布“电子复苏倡议”，计划未来 5 年对美国国内电子行业投资约 15 亿美元。11 月，DARPA 公布了“电子复苏倡议”第二阶段计划，并计划在 2018 年底之前公布第二阶段更多研发优先事项。下一阶段工作重点是将进一步将国防企业体系的技术需求和能力与电子工业中的商业和制造业现实紧密联系起来。该倡议将包括 DARPA 开展的几个持续的项目。

美国空军成立人工智能跨职能小组　11 月，美国空军成立人工智能跨职能小组。其首要任务之一是为空军飞行员建立一条获取人工智能最新技术的通道。小组将吸纳 22 名成员，由卡纳安、美国空军副首席技术官莱斯利·帕金斯和多域指挥与控制小组的一名成员等三人共同领导，代表将来自空军级别总部和空军研究实验室以及其他机构。新小组将重点制定空军人工智能战略。

俄罗斯总统敦促政府加紧出台新的综合性武器出口战略 11 月6 日，俄罗斯总统普京主持俄罗斯联邦军事技术合作委员会时表示，鉴于俄罗斯武器出口额已经稳定在150 亿美元左右，俄罗斯政府需要密切关注国际军贸市场的发展新趋势，加紧出台新的综合性武器出口战略，不断适应日趋激烈的出口市场新环境。鉴于目前美国对与俄罗斯开展业务国家实施制裁的新情况，俄罗斯必须为其防务合作伙伴提供新的、更加灵活便捷的合作方式。这些合作方式主要包括：①通过贸易补偿方式采购武器装备的方法需要与时俱进；②通过区别于其他国家防务公司的方式去接近目标市场；③通过在国外建立俄制武器的日常维护、修理和大修中心方式，实现进口国的“自给自足”；④为客户提供更加方便和低成本的融资信贷解决方案。

美国国会通过《国家量子倡议法案》促进量子计算发展 11 月，美国国会通过《国家量子倡议法案》。该法案的目的是为联邦政府提供协调一致的方式以支持量子计算的发展。多年来，联邦政府一直致力于量子计算领域的研究工作，但缺乏一致性。该法案为量子计算和信息科学领域的研究和发展拨款数百万美元，并呼吁建立多个量子计算研究中心。

法国的新创新机构首次展示多项国防和民用创新成果 11 月22 日，法国国防创新局首届国防创新论坛开幕，为期3 天，展出160 项国防和民用应用创新成果。展出的项目分为七大部分：明日间谍、明日战争、每日创新、迈向隐身斗篷、为人类创新、超越地平线和国防创新局，范围包括从仿生腿到可穿戴式安全气囊，从隐身斗篷到自动分析图像。

美国陆军发布《远征技术探索第二阶段竞赛通知》 11 月23 日，美国陆军负责采购、后勤和技术的助理部长在联邦公告网发布《远征技术探索第二阶段竞赛通知》，寻求与初创企业、小型高科技企业、非传统军工企业的合作，帮助美国陆军加快实现技术创新并推进陆军的现代化优先事项。今年 6 月，美国陆军举办首届远征技术探索竞赛，整个计划持续 10 个月时间。

澳大利亚阿德莱德成立新网络安全中心　11 月，澳大利亚联邦政府位于南澳大利亚阿德莱德的联合网络安全中心（JCSC）正式成立。新中心的成立是澳大利亚政府耗资 4700 万美元的国家网络安全联合项目和澳大利亚网络安全战略的扩展，同时也是澳大利亚带头的网络安全机构澳大利亚信号局及其所属的澳大利亚网络安全中心（ACSC）的一部分。

美国空军科学顾问委员会公布《保持美国空军技术优势》非机密版摘要文件　美国空军科学顾问委员会 11 月公布了《保持美国空军技术优势》非机密版摘要文件，研究强调空军应该大幅调整 26 亿美元科技投资组合的投资重点以保持相对潜在对手的技术优势，并开发所需的新技术以便取得在 21 世纪 30 年代冲突中的胜利。该研究建议空军重新调整基础研究、应用研究和先进技术开发的投资，将科学和技术投资重点放在其确定的基础技术领域，并重新分配发展、试验与鉴定支出以发展所确定的综合技术能力。此外，该研究还建议需要持续的投入和持续构建用于识别、展示、原型设计的流程，加速关键技术的部署以维持技术优势。

12 月

美国国防部首席信息官发布证词“国防部人工智能结构、投资及应用”　12 月11 日，美国国防部首席信息官迪希向众议院武装力量委员会新兴威胁与能力小组委员会发布证词，题为“国防部人工智能结构、投资及应用”。作为联合人工智能中心的主管领导，该证词主要围绕中心的成立背景、运行机制、项目情况等予以阐述。当前，人工智能正在快速改变商业和工业领域。与此同时中、俄等国正在对 AI 军事领域应用进行大幅投资，威胁着美军的技术和作战优势，预计今后将改变未来战争的特征。为此，美国及其盟国和合作伙伴必须利用 AI 来保持其战略地位，决胜未来战场。根据美国 2018 年《国防战略》，国防部将加快采用 AI，扩大美军优势。国防部时任副部长的沙纳汉于 2018 年夏指示成立联合人工智能中心，旨在加速 AI 使能能力的交付、拓展 AI 在国防部范围内的应用，以及同步国防部开展的 AI 活动。

白宫计划于 2019 年成立政府效能先进研究中心　12 月 13 日，白宫官员表示，白宫的创新孵化器计划——政府效能先进研究中心（GEAR）中心将在 2019 年开始投入运行，解决联邦政府创新缺乏这一最紧迫的问题。预计白宫 2019 年将提供数百万美元支持该中心，但没有提供具体的时间表。白宫希望通过设立政府现代化研究中心灌输创业心态，并鼓励参与者“不要害怕失败”。联邦政府希望通过 GEAR 中心促进公私合作伙伴关系，加快采用新技术和改善民生。该中心最初的重点领域包括劳动力再培训和数据管理以及 IT 现代化等。

五角大楼拟重修采办相关法规　12 月，五角大楼负责采办、技术和后勤的国防部副部长洛德表示，国防部已经设定了一个“关键目标”，即在 2019 年重新修订采办相关法规 5000. 02。修订版本的目标旨在为项目经理提供合理化建议，根据采办项目决定合同是否合宜。